Alexius Besi

Die Beerdigung und Verbrennung der Leichen

vom Standpunkte der Religion, der Geschichte, der Hygiene, der Gesetzgebung,

der Ökonomie und des Gefühls

Alexius Besi

Die Beerdigung und Verbrennung der Leichen
vom Standpunkte der Religion, der Geschichte, der Hygiene, der Gesetzgebung, der Ökonomie und des Gefühls

ISBN/EAN: 9783743314238

Hergestellt in Europa, USA, Kanada, Australien, Japan

Cover: Foto ©Suzi / pixelio.de

Manufactured and distributed by brebook publishing software (www.brebook.com)

Alexius Besi

Die Beerdigung und Verbrennung der Leichen

Die Beerdigung

und

Verbrennung der Leichen

betrachtet

vom Standpunkte der Religion, der Geschichte, der
Hygieine, der Gesetzgebung, der Ökonomie und
des Gefühls

von

Alexius Besi.

————

Übersetzt von

Emerike Holzinger von Weidich.

————

Regensburg.

Verlags-Anstalt vorm. G. J. Manz.

1889.

Einleitung.

Sowohl auf dem Gebiete der Philosophie und der Politik, der Wissenschaft und der Litteratur, als auch auf jenem der Moral und des Rechtes werden heutzutage von Schriftstellern und Journalisten sowie seitens der Professoren vom Katheder herab, von Konferenzmitgliedern in Sälen und Theatern, von Gesetzgebern in Kammern und Parlamenten auf hundertfache Weise die grossen Errungenschaften der neuen Wissenschaft und Civilisation verkündet und gepriesen, welche uns per Dampf und Elektricität auf der Bahn fördern, die zum Eden der Freiheit und des Fortschrittes, dieser Schöpfung der menschlichen Vernunft, hinleitet.

Die Einrichtungen, welche die alten Völker berühmt und glücklich gemacht haben; die Wissenschaften, in denen die Genies vergangener Zeitalter Meister waren und den Lorbeer der Unsterblichkeit errangen; die Philosophen, die Gelehrten, die Dichter und sogar die Religion, die uns die Heiligen geschenkt, alles soll nach den Forderungen der Gegenwart ein neues Gepräge erhalten; alles soll vor das Syndikat der neuen Wissenschaft gestellt werden, die auf den Fittigen des vom Dogmatismus entfesselten, freien Gedankens durch die Schöpfung schweifen, die Geheimnisse des Schöpfers enthüllen, über ihn zu Gericht sitzen, ihn verkennen und an seiner Statt die menschliche, durch Wissenschaft erstarkte Vernunft zur Gottheit ausrufen will. Kein Wunder daher, wenn bei dieser hochmütigen Selbsterhebung des freien Gedankens jene Bande gesprengt und gebrochen wurden, welche der Glaube, die Überlieferung, die Religion dem Menschen auferlegt hatten, nicht um einen Sklaven aus ihm zu machen, sondern

*

um ihm den einzigen geraden Weg der Gerechtigkeit und Wahrheit vorzuzeichnen, den er durchwandeln muss, um zu seinem letzten Ziele zu gelangen, wofür er erschaffen worden. Und dass der Mensch thatsächlich kein Sklave dieses Glaubens ist, das wird durch den Missbrauch augenscheinlich bewiesen, der heutzutage mit der Willensfreiheit getrieben wird und den in der Vergangenheit alle Ketzer, sowie Neuerer sich zu schulden kommen liessen; das beweist die Zügellosigkeit des freien Gedankens, der siegestrunken, inmitten bacchantischer Sinnesfreuden dem grossen Feinde des Ewigen lobsingt und ihn als Sieger über Jehovah ausruft.

Nachdem Gott geleugnet; der Glaube verleugnet, die neuernde Hand an die Tradition gelegt worden, war es natürliche logische Folge, dass man alle Grundsätze und Maximen des Christentums, dieser vorzugsweise göttlichen Religion, verleugnete, dass man den Dogmen desselben widersprach, seinen Sitten, Gewohnheiten und Vorschriften untreu wurde und andere an deren Stelle setzte. Es ward daher logisch, dass man alles das entheilige, was man verehrt und für heilig gehalten hatte, und dass alles, was priesterliche Hände bewahrten, der Willkür des zur Herrschaft gelangten Laientums preisgegeben werde, woher dann auch — nicht nur zur Schmach der Religion, sondern auch der schönen Natur unserer Sprache zum Hohne — das Wort Verweltlichung (Laicizzazione) in Gebrauch kam, das am Ende nichts anderes bedeutet, als Entchristlichung aller Dinge und Einrichtungen. Und in der That wurde der Staat entchristlicht, indem man ihn zum Atheisten ausrief, als Regierungsaxiom aber die lügenhafte Bastardformel der ›freien Kirche im freien Staate‹ aufstellte. Man entchristlichte die Gesetze und die Gesetzbücher durch die Aufhebung der Konkordate und der kirchlichen Gerichte, durch die Erklärung der Gleichheit aller vor dem Gesetze, durch die Zerstreuung der religiösen Orden, indem man auf civilrechtlichem Wege ihre heiligen Gelübde löste, indem man ferner ihre unveräusserlichen Güter beschädigte und im Namen des Gesetzes mit Gewalt sich zueignete; durch die Besoldung des Klerus und die Auflösung der alten Zünfte, an deren Stelle die auf gegenseitiger Hilfe beruhenden Arbeitervereine traten, bei denen allen oder fast allen die Freimaurer im Spiele sind. Sodann kam die Reihe an die Schule, und auch sie wurde entchristlicht, indem

man aus ihr den Religionsunterricht verbannte und sie
an ihrem Ursprunge erfasste, wie die Kinderbewahr-
anstalten, Kindergärten, Fröbelianeen sind, und sie Schritt
für Schritt bis zur Universität begleitete, wo öffentlich
der Atheismus oder der Pantheismus in der Religion
gelehrt wird, der Transformismus und die Evolution in
der Philosophie, kurz, der Materialismus, der Litteratur
und Künste mit einem pornographischen Verismus besu-
delt und überall die nur zu berühmte ›Liga des Unterrichtes‹ verkündet. Doch um den Kampf gegen Gott
und sein Gesetz in noch grimmigerer Weise zu führen,
wollte man die Grundfesten der christlichen Gesellschaft
untergraben, indem man die Familie preisgab, der freien
Liebe und der Ehescheidung Raum schaffte und als
ersten Schritt zu denselben die Civilehe einführte. War
die Familie entchristlicht, so erschien es nicht über-
raschend, dass die Wiege ein Gleiches erfahren sollte,
und wir sahen mit eigenen Augen -- die Civiltaufe;[1])
Joseph Garibaldi trat als erster Ausspender derselben
auf; man entchristlichte den Totenritus, — und wir
erhielten die sogenannten Civilbegräbnisse. Aber noch

---

[1]) Die Thatsache, welche erzählt zu werden verdient,
trug sich folgendermassen zu. In der ersten Hälfte März 1867
befand sich Garibaldi auf dem Bahnhofe von Porta Nuova zu
Verona. Ein Einwohner dieser Stadt, Namens Amadio Somma-
campagna, von Beruf ein Schneider und Vater von fünf Kin-
dern, hatte sein neun Monate altes, noch ungetauftes Knäblein
dahingebracht, auf dass Garibaldi es taufe. Diesen Mann be-
gleiteten Francesco Manselli, Ökonom des demokratischen Zir-
kels und eine gewisse Teresa Bellotti, und sie baten den berühmten Helden, das Kind zu taufen. Der General willigte ein,
und da man das Kind in den Kaffeeschank gebracht, erhob sich
Garibaldi und küsste dasselbe mit folgenden Worten: Gieb mir
einen Kuss! (Und er legte seine Hand auf des Kindes Haupt.)
Ich taufe Dich im Namen Gottes; es segne Dich Christus, der
Gesetzgeber der Menschheit. Wachse auf frei und tugendhaft,
ein Feind der Heuchler, mögen dieselben Priester oder Jesuiten
heissen: frei von Vorurteilen; vergiesse bereitwillig Dein Blut,
wenn das Vaterland es heischt, wachse stark und kräftig, stets
bereit, die Bedrücker und die fremden Einfälle zu bekämpfen.
Gieb mir einen Kuss und lebe wohl. — Das Volk wollte dem
Knaben den Namen Garibaldi beigelegt wissen; doch der Ge-
neral erwiderte mit seltener Bescheidenheit: Nein, es giebt
bessere Helden (sic) als ich. Und er gab jenem den Namen
Chiassi. Und das Volk rief: Es lebe Chiassi! Zu Venedig aber
strichen unter den Prokuratien drei Garibaldianer mit einer
Almosenbüchse umher und heischten Opfer für den hl. Joseph
Garibaldi, den Erfinder eines neuen Taufsakramentes!! Dieses
Skandal fand wenige Tage nach der Taufe des Chiassi statt.

mehr. Man wollte dem Menschen sogar das Siegel der Gottähnlichkeit entreissen und die Natur und Würde des Menschen auf den Standpunkt des Tieres herabdrücken, und durch die neue Wissenschaft wurden unsere Voreltern der Schimpanse, der Gorilla und der Orang-Utang.

Und dies ist so wahr, dass man noch heute in der Apotheose, die man mit dem apostasierten Frater Jordan Bruno zu treiben beabsichtigt, indem man ihm zu Rom ein Monument setzen will, jenen Schurken als Freidenker, als Positivisten und Evolutionisten, d. i. als denjenigen hinstellt, der die menschliche Seele der Tierseele gleichstellt und der Materie huldigt. Hierüber schreibt ein gewisser Eduard Staudigl in Nr. 39 des Mailänder Journal »L'Italia« unter dem Datum des 8. und 9. Februar 1888: »Für ihn (Bruno) war die Natur eine schaffende wie auch eine geschaffene Kraft; sie war immer thätig im Prozesse des — Werdens — des Sichveränderns, stets neue Formen erfindend, ewig nach anderen Typen gemodelt. Ihm galt die Natur als die versteinerte Unbeständigkeit. Bruno sah in der Anhäufung weniger Atome oder Molekel nichts anderes, als das Plagiat des Universums, wie sich dasselbe dem staunenden Auge des Menschen darstellt, der die Wunder der Welt betrachtet. Für Bruno existierte kein allwissender Gott, da er ja nicht vorhergesehen, dass er bemüssigt sein werde, seine eigene Schöpfung ihrer Missbildung halber durch eine allgemeine Flut zu zerstören; da ferner ein Gott, der seinen Geschöpfen Freiheit des Handelns gewährt, sich des Rechtes begiebt, sie von erzürnten, mit feurigen Schwertern bewaffneten Erzengeln aus dem Paradiese hinauspeitschen zu lassen. Für Bruno ist die ganze Welt- und Menschenkomödie nichts anderes, als die Folgerung vorhergegangener Verhältnisse, und in diesem Sinne ist er ein Vorläufer eines Moleschott und Darwin, eines Häckel und Helmholz, eines Du Bois-Reymond und Montagarra. Es sind dies ein halb Dutzend Männer, die sowohl offenbar als heimlich, die Wahrheit unter den Wendungen und der Süssigkeit ihres Stiles verbergend, die Religion des Evolutionismus bekennen, den Bruno als der erste verkündet. Der Evolutionismus negiert jedes übernatürliche Sein; für ihn existiert Gott nicht, weil es nicht nötig, dass er existiere, es existiert keine Seele und kein beseeltes Wesen. Hiermit wird auch der freie

Wille negiert . . . Dem Giordano Bruno ein Monument errichten, das darf nur jene Minderzahl der heutigen Generation, die den Mut hat zu sagen: Ich bin ein Tier gleich meinem Hunde oder meinem Kanarienvogel; ich muss alles das thun, was meine Konstitution und die zufälligen Umstände verlangen; und da ich für meine Handlungen nicht verantwortlich bin, so könnet und sollt ihr mich weder zum Strafhause noch zum Gefängnisse verurteilen, wenn ich der Gesellschaft schade.« Das heisst deutlich reden. Die Religion, die Kirche, der Vatikan sagen: Ihr seid Kinder Gottes. Bruno und die Evolutionisten sagen: Ihr seid Hunde und Kanarienvögel. Es lebe der freie Gedanke und die Freimaurerei! Und die italienische Regierung unter den Auspicien des Herrn Crispi macht es fast zu einer Kabinetsfrage, demjenigen ein Monument zu errichten, der gesagt hat, dass wir Hunde sind.

Da nun der Mensch zum Tiere geworden, so wäre es wohl nicht logisch gewesen, wenn sein Grab heilig und unverletzt geblieben. — Gewiss nicht.

Darum verweltlichte man zuerst die Friedhöfe, indem man sie der Hut der Kirche entriss und unter den Schutz der Civilbehörde stellte, die so häufig atheistisch, in Sachen der Religion fast immer. gleichgültig ist. Endlich trachtet man, nach und nach an die Stelle der geweihten, düsteren Kapelle, der Stätte der Einsegnungen, Lossprechungen und Gebete, die sich auf dem Gottesacker erhebt; an die Stelle des Kreuzes, das ihn liebreich schützt und segnet, — den Verbrennungsofen nach dem Systeme des Gorini, Siemens, Venini u. s. w. zu setzen. Und statt des Kreuzes züngelt aus der Urne eine symbolische Flamme, deren Spitzen den Himmel herauszufordern scheinen.[1]) Und wenn wir es noch nicht bis zu dieser Vertauschung gebracht haben, so nähern wir uns derselben doch ziemlich raschen Schrittes; denn an mehreren Orten erhebt sich der Verbrennungsofen neben der Kirche, die Flamme neben

---

[1]) Zur Bestätigung unserer Behauptung berichten wir, was Luigi Castellazzo, Sekretär der Freimaurerei in Rom schrieb, als er des Ablebens des Viktor Hugo in Terenzio Maniani erwähnte, Fasc. 150, im Mai 1885; »Die Civilehe wird ihnen (den Katholiken) die heranwachsende Generation entreissen Die Civilbegräbnisse und die Scheiterhaufen der Leichenverbrennung werden ihnen noch die letzte Genugthuung nach dem Tode rauben. Bald wird sie der Fortschritt vernichtet haben.«

dem Kreuze. Man sieht, dass die Freimaurerei oder der Liberalismus, wie man will, eifrig bemüht ist, das Kreuz von dem Friedhofe zu verbannen; denn da die Friedhöfe christlich sind; da die Sitte der Beerdigung eine eminent christliche ist; so stellen die Freimaurer dieselben im Namen der geselligen Gleichheit, der Toleranz der Religionen und der neuen Idee des Bürgertums dar, als wären sie ein Stein des Anstosses in Bezug des Fortschrittes, des bürgerlichen Lebens, der Hygieine, der Ökonomie und so vieler anderer schönen Dinge.

Da jedoch zum Glücke der Kampf gegen die christlichen Friedhöfe und die Beerdigung noch nicht soweit gediehen ist, dass er des Sieges gewiss werden und denselben als eine neue Errungenschaft der Civilisation verkünden könnte; so müssen wir uns zum Gegenkampfe rüsten; müssen aus allen Kräften den Boden streitig machen, den man uns widerrechtlich entreissen will. Wir sollten über die sogenannte Leichenverbrennungsfrage so viel Licht als möglich verbreiten, um so mehr, als auch in diesem wie in so vielen anderen Momenten des Freimaurerkrieges gegen die Religion die meisten entweder gleichgültig sind oder unter dem Einflusse einer Täuschung stehen; oder sie sind unschlüssig und in sorgloser Apathie befangen, oder aber, — und deren ist die grössere Anzahl -- sie begreifen nicht die niedrige Bosheit, den teuflischen Hass gegen alles Christliche, wovon jene beseelt sind, die unseren Gräbern und unseren sterblichen Überresten den Krieg erklären. Und weil es dem Herrn gefallen, dass auch wir zu den letzten und geringsten Verteidigern der Religion gehörten, so halten wir es für unsere strenge Pflicht, im Namen der Wahrheit, der Geschichte und der Wissenschaft auch in dieser Angelegenheit ein freimütiges Wort zu reden.

Wir wollen daher die Frage über die Beerdigung und Verbrennung der Leichen so klar als möglich und unter Berücksichtigung aller Gesichtspunkte, die sie darbietet, auseinandersetzen und werden hoffentlich alle Gründe unserer Gegner kategorisch widerlegen.

Der Mensch.

Welches ist jenes bevorzugte Wesen, das die Stirn hoch trägt, den durchdringenden Blick verlangend zur Unendlichkeit der Himmel erhebt und aus dessen Brust ein Seufzer sich losringt wie Sehnsucht nach einem erhabenen Vaterlande? Welches ist jenes Wesen, das denkt, unterscheidet, will, sinnt, liebt, trauert, befiehlt und herrscht und dem die ganze Schöpfung dient? Stellen wir diese Fragen an Darwin, an Filippi, an Moleschott und an so viele andere Leuchten der neuen Wissenschaft, so erhalten wir keine andere Antwort, als dass dieser König der Natur ein Abkömmling des Affen ist, der durch stufenweise und unmerkliche Umwandlungen die Unendlichkeit der Jahrhunderte durchschritten und sich allmählich zum gegenwärtigen Stande seiner geistigen und physischen Entwicklung vervollkommnet hat. Wir werden uns hier nicht damit aufhalten, diese entmutigende und erniedrigende Theorie von der Umbildung der Menschheit zu widerlegen; einer Theorie, die auch so viele sogenannte Gelehrte unserer Zeit, die auch nichts Übernatürliches kennen wollen, verwerfen, indem sie die Einheit und Ausschliesslichkeit des menschlichen Typus annehmen. Es genügt uns, dieselbe angedeutet zu haben. Für uns bleibt die Einzelschöpfung von Bedeutung und der Umstand, dass der menschliche Typus von jenem aller anderen Tiere gänzlich unabhängig ist. In unserer von Ehrfurcht und Dank ergriffenen Seele klingt noch

Hesi, Leichenverbrennung. 1

das schöpferische Wort Gottes nach: ›Faciamus homi-
nem ad imaginem et similitudinem nostram.‹[1]) Der
Mensch ist das Ebenbild Gottes: ›Ad imaginem quippe
Dei factus est homo.‹[2]) Daher ist für uns dieser
Mensch höchst ehrwürdig; denn er ist mit einer unsterblichen Seele begabt, die in einem Leibe eingeschlossen und bewahrt ist wie in einem lebenden
Tempel des göttlichen Ebenbildes. Wer ferner den
Menschen als von Christo erlöst betrachtet und durch
die geweihten Wasser der Taufe gereinigt und zum
Erben des Himmels gemacht, — dem gilt sein Leib
als heilig. An nescitis, sagt der heilige Paulus, quoniam membra vestra templum sunt Spiritus Sancti,
qui in vobis est, quem habetis a Deo et non estis
vestri? Empti estis pretio magno. Glorificate et por-
tate Deum in corpore vestro. Nescitis quoniam corpora
vestra membra sunt Christi?[3]) Für den Christen ist
der Leib ein Mitarbeiter an dem grossen Werke seines
Seelenheiles, so dass Tertullian sagt: Adeo caro salutis
est cardo, de qua quum anima Deo allegitur, ipsa est
quae efficit ut anima allegi possit.[4]) Und also fährt
der Kirchenvater fort: Caro abluitur, ut anima emacu-
letur. Caro ungitur, ut anima consecretur. Caro sagi-
natur, ut anima muniatur. Caro manus impositione
adumbratur, ut et anima Spiritu illuminetur. Caro
Corpore et Sanguine Christi vescitur, ut et anima Deo
saginetur.[5]) Wir haben die Gewissheit, wie uns der
heilige Greis aus dem Lande Hus versichert, mit diesen
leiblichen Augen Gott zu schauen: et in carne mea
videbo Deum meum,[6]) und auch der königliche Psal-
mist versichert uns: Cor meum et caro mea exsul-
taverunt in Deum vivum.[7]) Daraus erhellt deutlich,
welches und wie gross die Erhabenheit sei, die wir
auf Grund des Glaubens unserem Körper beilegen.
Es ist dies ein Adel, der während der Lebenszeit die
volle Ehrfurcht erheischt wie ein Gott geweihter Tempel,
so dass uns der Apostel mit Donnerstimme zuruft: Si

---

[1]) Genesis I. 26. 27.
[2]) Ib. IX 6.
[3]) Ad Corint. VI. 15. 19. 20.
[4]) Tertul. De resurrectione carnis, cap. VII.
[5]) Ib. 16.
[6]) Job 19. 26.
[7]) Psal. 83. 3.

quis autem templum Dei violaverit, disperdit illum Dominus, Templum enim Dei sanctum est, quod estis vos,[1] doch geziemt es sich, dass man den Leib auch nach dem Tode achte und ehre, wie man dies den Überresten jedes Dinges schuldet, das heilig war und geheiligt blieb. Und eben daher rührt jene Verehrung, jener Kultus, den wir den sterblichen Überresten der Heiligen zuwenden, sowie den Reliquien der Märtyrer und Bekenner, eine Verehrung, die sich bis auf die von ihnen bewohnten Orte und die von ihnen gebrauchten Dinge erstreckt. Der Adel unserer körperlichen Gestalt wurde in der göttlichen Menschheit Jesu Christi geheiligt, als er im Leibe einer Jungfrau menschliches Fleisch annahm, et Verbum caro factum est et habitavit in nobis.[2] Diese göttliche Menschheit bestätigte uns durch die Thatsache der Auferstehung vom Tode nach drei Tagen das Versprechen, dass wir alle einst mit Leib und Seele auferstehen werden. Wir Christen huldigen also in dem Adel, der unserem Leibe innewohnt, wie auch durch die Achtung und Ehrfurcht, womit wir ihn behandeln sollen, eigentlich dem Dogma der Auferstehung und üben so einen Akt lebendigen Glaubens aus. Daher stammt jene treue Sorgfalt, welche die Christen seit jeher den toten Leibern ihrer Brüder zuwendeten, und daher nahmen die christlichen Friedhöfe ihren Ursprung. Daher jene erhabene, ganz christliche Melancholie, deren Flügelschlag im düsteren Schweigen der Grabmäler vernehmbar und die in gläubigem Tone die Sprache der Hoffnung zu uns redet. Auf den Gottesäckern voller Kreuze herrscht majestätisch der Verzweiflung bringende Tod; doch das christliche Ohr vernimmt daselbst die Verheissung unsterblichen, unverwelklichen Lebens.

Der Friedhof.

Da wir gesehen, wie die Christen den lebendigen Leib des Menschen achten und als Tempel Gottes in Ehren halten, wie ihnen derselbe die tröstliche Glaubenswahrheit von der Auferstehung des Fleisches dar-

---

[1] S. Paul. ad Corint. 3. 17.
[2] Joan. 1. 14.

stellt und in Erinnerung bringt, ihnen so recht die Vollendung der göttlichen, Gerechtigkeit in Lohn und Strafe nach dem Tode vergegenwärtigt, deren ja auch der Leib teilhaftig wird; so war es sehr natürlich, dass in den Christen, wie schon angedeutet, eine grosse Ehrfurcht für die irdische Hülle entstand, die sie geachtet und in Ehren gehalten hatten, solange dieselbe von dem belebenden Geiste, dem göttlichen Funken, beseelt war. Sie gaben sich deshalb alle Mühe, dieselbe zu erhalten.

Der göttliche Gründer der Kirche war beerdigt worden. Seinem Beispiele zu folgen, war daher ein Tribut des Glaubens und Gehorsams gegen den Erlöser; denn er selbst hatte für sich die Beerdigung gewollt, damit seine Auferstehung, das Unterpfand jener, die seine Nachfolger einst an Leib und Seele erfahren werden, sichtbarer, greifbarer, unwiderleglicher ans Licht trete. Sowie der Tod Christi, sagt der Aquiner, wirksam unser Heil bezweckte, so auch seine Beerdigung, insofern nämlich der begrabene Leib Christi das Werkzeug ward, die Menschen aus ihren Gräbern aufzuerwecken: Quia per hoc quod Christus de sepulcro surrexit, datur spes resurgendi per ipsum, his qui sunt in sepulcro secundum illud (Joan. V. 28.): Omnes qui in monumentis sunt, audient vocem Filii Dei et qui audierint vivent.[1] Um also diesem Beispiele des göttlichen Meisters zu folgen und wegen des Glaubens, mit ihm aufzuerstehen, haben die Christen seit den apostolischen Zeiten die Beerdigung der Leiber ausgeübt. Und dem Orte der Beerdigung gaben sie den Namen Friedhof. Diese Bezeichnung wählten sie nicht ohne gewichtigen Grund. Das Wort Friedhof, coemeterium, schliesst in sich den Begriff des christlichen Auferstehungsdogmas, denn es bedeutet Ort der Ruhe, Schlafstätte, wo derjenige, der daselbst liegt, eines Tages erwachen und aufstehen soll. Und ein solcher Name war äusserst passend für solche, welche den Tod als einen kurzen Schlaf betrachten.

Quidnam sibi saxa cavata?
Quid pulchra volunt monumenta?
Nisi quod res creditur illis
Non mortua, sed data somno.[2]

---

[1] S. Thomas. Summa, 3. q. LI. a. l. c.
[2] Prudentius. In exequiis defunctorum.

Die Christen nannten den Tod nicht wie die Heiden ϑάνατος oder ϑανεῖν, sondern vielmehr κοίμησις, was schlafen oder schlummern bedeutet, oder sie nannten ihn geradezu κοίμημα, d. h. Schlaf oder Schlaftrunkenheit. Ante Christi adventum, sagt Chrysostomus, mors mortis nomen habebat, at postquam Christus venit, et pro mundi vita mortem subiit, non amplius vocatur mors, sed somnus et dormitio.[1]) Und der heilige Hieronymus spricht in seiner neunundzwanzigsten Epistel denselben Gedanken aus, da wo er sagt: in christianis mors non est mors, sed dormitio et somnus appellatur. Der heilige Johannes Chrysostomus erklärt sich über diesen Punkt noch deutlicher dort, wo er sagt: Vide quomodo ubique mors nominatur somnus, qua de causa et locus coemeterii, quasi dicas, dormitorii nomen invenit. Utile igitur hoc nomen est et philosophiae multae plenum. Quando igitur huc mortuum ducis, ne ipse te concidas. Non enim ipsum ad mortem, sed ad somnum ducis, sufficit tibi nomen hoc ad calamitatis solatium et levamen. Disce quo ducas in coemeterium, et quando ducis post mortem Christi, postquam nervi mortis excisi sunt.[2])

Es war dies auch nicht die eigentümliche Ansicht irgend eines Kirchenvaters oder Kirchenlehrers, sondern die Kirche selbst hielt sie als ihre eigene und heiligte sie als solche in ihrem Kultus.

Sie umgab die Gräber ihrer Gläubigen mit einem Strahlenkranze der Religion und der Pietät und wollte, dass der Ort, an welchem sich dieselben befänden, ein geweihter Ort sei. Sie wachte über ihren dahingegangenen Generationen, wie eine zärtliche Mutter liebevoll über der Wiege des schlummernden Söhnleins wacht und harrt, bis dass es erwache.

In den allerersten Zeiten des Christentums nahm ein und derselbe Ort die lebenden und die toten Christen auf; denn die Katakomben waren der Tempel, die Frei- und Zufluchtsstätte der verfolgten Lebenden, aber auch der Friedhof und die Grabstätte jener, die im Leben die grosse Prüfung bestanden und überwunden hatten. Dort, in jenem unterirdischen Rom, wo ein von den siegreichen, übermächtigen Cäsaren ver-

---

[1]) Chrysost. Serm. de Parascev. T. V. p 182. ed. Maur.
[2]) Ibid. S. Thess. XV. 12. 13.

folgtes Geschlecht seinen Glauben wie einen kostbaren
Schatz verbarg, damit er sich stärke und stähle in
seiner Brust durch das Gebet und das Wort Gottes
und einst sieghaft hervorgehe, um den Irrtum, die
Tyrannen, den Tod herauszufordern und in jener
Wiege der Welterneuerung den grossen römischen
Koloss zu stürzen; dort auch bewahrte man ebenso
eifersüchtig den kostbaren Schatz der sterblichen Überreste der Bekenner, der Jungfrauen und Märtyrer, die
mit ihrem Blute den göttlichen, den erneuernden Glauben besiegelt hatten. Hier in den Fächern beigesetzt,
dienten diese heiligen Leiber denjenigen, welche das
Beil des Henkers übrig gelassen hatte, als Sporn und
Aufmunterung, den Heldenmut der Gefallenen nachzu-
ahmen; hier ruhten jene Athleten nach dem Kampfe
in Erwartung des Tages der Vergeltung und des
Triumphes.

Ich habe die Ausdrücke beigesetzt und ruhten
angemerkt, weil in der ursprünglichen christlichen Ausdrucksweise das Wort begraben ganz unbekannt war.
Die Leiber ruhten, wie alle Inschriften und Fresken
der Katakomben bezeugen, in Frieden; sie waren hier
im Frieden beigesetzt. Und oftmals ward das Grab
eines Märtyrers zum Altare, auf dem der Papst die
heiligen Geheimnisse feierte; so gross war die Ehrfurcht
der Christen vor den Leibern ihrer für den Glauben
gestorbenen Brüder, dass sie kein Bedenken trugen,
auf dem Grabsteine, der jene deckte, das Opfer der
Versöhnung und Liebe darzubringen. Ja, nicht damit
zufrieden, die Leiber ihrer Gläubigen zu schützen und
zu ehren, liess die Kirche aus ihrem Herzen eine auserlesene Schar von Christen hervorgehen, denen kein
anderes Amt oblag, als die toten Leiber ihrer Brüder
in den Fächern beizusetzen. Diese heilige Phalanx von
Totengräbern, wie wir sie in unserer gegenwärtigen
Ausdrucksweise nennen würden, bestand aus den fossores oder copiatae.[1])

Die fossores gehörten in der kirchlichen Hierarchie

---

[1]) Kleriker, denen zukam, officium linteo cadaver obvol-
vere; fossam humum lapidibus construentes ex more tumulum
parare. St. Hieronymus Epist. XLIX. 12. ad Innocentium de
muliere septies icta. — Und im Chronicum palatinum heisst
es: gradus Ecclesiae septem: ostiarius, fossarius, lector, sub-
diaconus, diaconus, presbyter, episcopus.

einer niederern Ordnung an, wie der heilige Hiernoymus
bezeugt, der sie Kleriker[1]) nennt. Sie befolgten gewisse Regeln. Ihr Haupt war geschoren, auf der linken
Schulter trugen sie ein Lammfell, auf der rechten die
Spitzhaue und den Karst. Die geschürzte, weit- und
kurzärmelige Tunica war mit drei Kreuzen bezeichnet,
die Füsse waren mit Sandalen versehen. Diese Männer,
welche die Gräber aushöhlten und unter den Toten lebten, indem sie deren Leiber in Erwartung der grossen
Auferweckung in den Fächern beisetzten, zählten unter
sich die Päpste Stephanus, Calixtus, Fabianus, Mar-
cellus, Melchior, die mit dem Hohenpriestertume das
demütige Amt der Totengräber verbanden. Sie wurden
in ihrem frommen Unternehmen von den Diakonissinnen
und Matronen unterstützt, unter denen die Namen
Basilia, Anastasia, Praxedis, Lucina, Prudentiana von
berühmtem Klange sind. Diese flüchteten im Vereine
mit jenen die Leiber der Märtyrer in ihren Sänften,
brachten sie nach ihren in den Vorstädten gelegenen
Landhäusern und begruben sie daselbst. Aglaja, Feli-
citas, Apollonia, Severina widmeten ihre Reichtümer
und ihr Leben diesem Werke der Beerdigung der
Toten, welches die Kirche zu den des Lohnes und der
ewigen Vergeltung würdigen Werken der Barmherzig-
keit zählt. Die Totengräber lebten von dem Lohne,
den ihnen die Reichen für die Aushöhlung ihrer Gräber
gaben. Aber da die Zahl der Christen, die sich unter
den Verfolgungen wunderbar vermehrten, unendlich
ward und sich auch die Zahl der Toten ausserordentlich
vermehrte, die Phalanx der Totengräber aber, die ebenfalls höchst zahlreich geworden war, aus ihrem äusserst
mühe- und gefahrvollen Geschäfte den Unterhalt nicht
ziehen konnte, da die meisten Toten arm waren; so
wurde, wie wir aus Tertullian ersehen, unter den Gläubigen eine Sammlung veranstaltet, um den Bedürfnissen
der Totengräber abzuhelfen, und die Kirche ward Ver-
walterin der von ihr gesammelten Gelder. Modicam
unusquisque stipem, schreibt Tertullian, menstrua die,
vel quum velit, vel si modo velit, et si modo possit,
apponit . . . inde non epulis, nec potaculis, nec in-
gratis voratrinis dispensatur, sed egenis alendis human-
disque,[2]) woraus man sieht, wie dieser Liebesfond

---

[1]) St. Hieronymus. Ep. XLIX. 12. ad Innoc.
[2]) Tertullian. Apologet. cap. 39.

dazu bestimmt war, die Armen und die Totengräber
zu ernähren. Später, zur Zeit Konstantins, bestand eine
Vereinigung von Gläubigen, die vielleicht von den
Totengräbern ihren Ursprung genommen und den
Zweck hatte, die Toten zu begraben,[1]) eine Vereinigung, welche im Jahre 1551 von Pius IV. bestätigt
wurde. Die christlichen Kaiser gedachten dieselbe zu
schützen, und Justinian beschützte sie in seiner neun-
undfünfzigsten Novelle. Anastasius wollte, dass derselben der Ertrag gewisser Steuern abgetreten würde,
wie man aus Bingamius ersieht, wo er sagt: Hos
copiatos (fossores) partim ex communi aerario fuisse
sustentatos, partim ex suo ipsorum labore et merca-
tura, quae animos eis addendi causa, generatim vecti-
galium, et tributorum munere soluta erat, vitae sibi
subsidia comparasse.[2])

Und es war äusserst gerecht, dass die Totengräber
seitens der Kirche für ihre Arbeit belohnt wurden, denn
diese heischte ein Leben des Opfers, der Mühe, das
auch fortwährender Gefahr ausgesetzt war. Denn die
Verfolger stellten ihnen nach, da sie sich nur ungern
die Leiber der Opfer ihrer unsinnigen Wut entziehen
liessen, indem sie sie beschimpfen · und zerstreuen
wollten, so dass, wie der heilige Bischof Dionysius bestätigt, die Beerdigung eines christlichen Toten war:
non sine capitis periculo.[3]) Der besondere Grund,
weshalb die Verfolger wollten, dass ihnen die Leiber
der Märtyrer nicht gestohlen würden, war der, dass
sie, des von den Christen geglaubten Dogmas von der
Auferstehung der Leiber eingedenk, thörichterweise be-
absichtigten, sich demselben zu widersetzen, indem sie
die sterblichen Überreste der von ihnen Verfolgten ver-
wüsteten und zerstörten. Und aus demselben Grunde,
sowie auch um dem Volke ein angenehmes Schauspiel
zu verschaffen, lieferten sie die Christen den wilden
Tieren zum Frasse aus. Sollte die Zerstörung der
Leichen, wie die Freimaurer sie predigen, nicht derselben Ursache entstammen? Die Verfolger der Kirche
gleichen einander alle in der Wildheit und Thorheit.
Die im apostolischen Zeitalter begonnene pietätvolle

---

[1]) Baronius. Annales Eccl. anno 336.
[2]) Bingamius, Originum Eccles. lib. III. Cap. VIII. §. IV.
[3]) Lib. VII. Cap. II.

Thätigkeit der Totengräber hörte erst nach der Hälfte des fünften Jahrhunderts gänzlich auf, so dass sie über vierhundert Jahre fortgesetzt wurde.

Bevor wir die fossores und die Katakomben verlassen, wird es dem Leser zum Beschlusse des bis jetzt Gesagten nicht unlieb sein, eine kurze, annähernde historisch-statistische Kunde von den Katakomben zu erhalten, da im allgemeinen wenig bekannt ist, wie viele es dieser grossartigen zu christlichen Tempeln und Friedhöfen bestimmten Werke in den ersten Zeiten des neuen Glaubens gegeben. Rom besass deren eine grosse Anzahl. Ich will hier einige der bekanntesten anführen. Da lag der Friedhof des Vatikans an der via Cornelia, jener der Lucina an der Aurelia, noch ein zweiter der Lucina an der via Ostiensis, jener der Domitilla an der Ardeatina, jener der Priscilla an der Salaria; die Katakomben des heiligen Sebastian, des heiligen Laurentius u. s. w. Baronius und Panvinius zählen deren im Jahre 226 in Rom allein wohl dreiundvierzig.[1]) Man darf auch nicht glauben, dass nur Rom, die zweite Wiege des Katholizismus,

 . . . . jenes Rom, durch das Christus ein Römer ward,[2])

derartige Friedhöfe und Katakomben besessen habe. Wohin das Licht des Evangeliums mit seinen tröstlichen Dogmen drang, dahin drang auch die Ehrfurcht vor der Würde des Menschen und seines Leibes, die Achtung vor seiner irdischen Hülle und die christliche Sitte, dieselbe in den Frieden des Erdenschosses beizusetzen.

Neapel rühmt ebenfalls seine Katakomben, die zwar nicht von den Händen der Christen ausgegraben worden, dennoch aber, wie der gelehrte Engländer Breton in seinem vielgerühmten Werke über die Monumente aller Völker behauptet, wurden dieselben, als der gebenedeite Same der Religion Christi in jenem Lande ausgestreut ward, zur sichersten Zufluchtsstätte des keimenden Christentums. Und hier in den Fächern, die vielleicht den ersten Bewohnern dieser von den siegreichen Römern preisgegebenen Gegenden als Gräber gedient hatten, setzten die Gläubigen ihre verstorbenen Brüder bei. Hier wurden, wie uns die aufgefundenen

---

[1]) Baronius. De coemeteriis, cap. XII.
[2]) Dante. Purg. cant. 32.

Inschriften bezeugen, die Heiligen Januarius, Festus, Eutychia, Agrippina, Eugenia, Katharina, Margaretha, Juliana begraben. Auch Padua besass Katakomben vielleicht zu den Zeiten des Prosdocimus und Daniel. Verona zeigt eine in die Wacke gehauene Katakombe zu Sancta Libera, wo, wie man erzählt, die erste Messe gelesen worden ist. Syrakus und Paris hatten ebenfalls die ihrigen. Bei Rebeccu in Sardinien, nahe der Grotte der heiligen Caecilia, giebt es Katakomben, die den ersten Christen als Kirchen und Gräber dienten. Der Ort heisst St. Andrea di Abriu oder Priu.

Als die blutigen Verfolgungen der heidnischen Kaiser aufgehört hatten, die Kirche sich öffentlich zeigen und ihre Tempel erbauen durfte; da begrub man die Toten in den Kirchen selbst oder in dem dieselben umgebenden Grunde. Und so versammelten sich gemäss der ursprünglichen apostolischen Sitte die Lebenden inmitten der Toten zum Gebete. Es ist jedoch Pflicht des Geschichtschreibers, zu bemerken, dass es auch im Altertume, als noch das römische Gesetz galt, verboten war, innerhalb der städtischen Ringmauer zu begraben, die Leiber der Märtyrer ausgenommen, und dass das fünfte Konzil zu Karthago in Afrika im vierzehnten Kanon befiehlt: dass die Toten in campis bestattet würden. Jedoch gab Kaiser Leo in der dreiundfünfzigsten Novelle dem lebhaften Wunsche der Gläubigen, an der Seite der Märtyrer begraben zu werden, nach und stellte ihnen vollkommen frei, sich die Stelle zu wählen, an welcher sie begraben werden wollten; so wurde jenes Privilegium, das sich zuerst auf die Kaiser, Päpste und Bischöfe beschränkte, ausgedehnt, und viele Gläubige wurden seitdem in den Kirchen beigesetzt. Da später die Kirchen nicht hinreichten, um eine so grosse Zahl von Toten aufzunehmen, weihte man den anliegenden Flächenraum zum Kirch- oder Friedhofe, der schon durch die Thatsache der Kirchweihe ebenfalls geweiht ward, daher das sacrum oder sacratum. Wurde die Kirche entweiht, so war auch der Friedhof entweiht, der sie umgab oder vor ihr lag. Daraus sieht man, wie Kirche und Friedhof als zusammengehörig betrachtet wurden. Als später die Friedhöfe von der Kirche entfernt wurden, da beschloss dieselbe, jenen zur Aufnahme der irdischen Hülle ihrer Kinder bestimmten Grund zu weihen, und mit einem eigenen Ritus weihen und segnen ihre mit der Fülle des christlichen Priestertums ausgestatteten Diener, nämlich die Bischöfe, jene Erde, welche heilig wird, das heilige Feld. Die Trauerliturgie, welche die Kirche zur Weihe der Friedhöfe anwendet, ist erhaben, und in ihrem hohen und düsteren Ritus leuchtet die Hoffnung auf eine heitere Zukunft jenseits des Grabes. Die Kirche bestätigt dabei die durchaus christliche Sitte der Beerdigung der Leiber und besiegelt ihren unumstösslichen Glauben an die Auferstehung des Fleisches, wie dies unzähligemal des Tages durch den Mund ihrer Gläubigen geschieht, wenn sie den himmlischen Vater anrufen und ihm in Andacht und Glauben huldigen.

Die Weihe des Friedhofes geschieht in feierlicher Weise. — Fünf in die Erde gepflanzte Kreuze, welche ein grosses Kreuz bilden, teilen die ganze Fläche des neuen Friedhofes ein. Der Bischof schreitet mit den hohenpriesterlichen Gewändern angethan in Begleitung des Klerus dem grossen in der Mitte befindlichen Kreuze zu, und nachdem er sich dort niedergelassen, hält er eine kurze Predigt über die Heiligkeit und Freiheit des christlichen Friedhofes. Alsdann erhebt er sich, wendet sich in flehender Stellung zu Gott, dem Allmächtigen, und bittet, dass durch seinen Eintritt der Friedhof gesegnet, geheiligt, geweiht werde, ut humana corpora hic post vitae cursum quiescentia in magno judicii die, simul cum felicibus animabus mereantur adispici vitae perennis gaudia.[1]) Nach vollendetem Gebete stimmt der Chor die Litanei aller Heiligen an, und alle werfen sich flehend zur Erde samt dem Oberhirten, welcher sich bei dem Versikulus, in welchem der Herr um die ewige Ruhe der Gläubigen angefleht wird, erhebt; nun segnet er dreimal mit der Hand den Ort. Das erstemal fleht er zu Gott mit lauter Stimme, dass er sich würdige, den Ort zu segnen; das zweitemal, dass er sich würdige, denselben zu segnen und zu heiligen; das drittemal, dass er sich würdige, denselben zu segnen, zu heiligen und zu weihen. Nach dem Schlusse der Litanei und der Segnung des Weihwassers beschreitet er in bischöflichem Ornate, während der Chor das Miserere singt, von der rechten Seite ausgehend, das ganze Feld, die Schollen besprengend,

---

[1]) Erstes Oremus bei der Weihe des Friedhofes.

welche die irdischen Hüllen der Verstorbenen decken sollen.

Der Weihe folgen fünf Gebetsstationen, deren Anzahl den fünf aufgerichteten Kreuzen entspricht. Die erste Station wird vor dem Kreuze gehalten, das dem mittleren Kreuze gegenüber steht; die zweite vor jenem, welches hinter dem Mittelkreuze steht; die dritte vor dem Kreuze, das rechts vom Mittelkreuze, die vierte vor jenem, das links vom Mittelkreuze sich befindet, die fünfte vor dem Mittelkreuze. Auf seinem Wege von einem Kreuze zum anderen besprengt der Oberhirte noch einmal hüben und drüben den Grund mit Weihwasser, und die Lieder und Hymnen des Psalters begleiten seine Schritte. Jede Station ist eine Stätte feierlichen Gebetes; bei jeder wird der Segen des Herrn herabgefleht; bei jeder ist der Hauptgegenstand der Leib des Christen, der begraben werden soll. Den ernsten und höchst andachterweckenden Ritus der Weihe besiegelt die Darbringung des heiligen Opfers auf dem Altare. Die Einweihung des Ortes, der Friede der zu beerdigenden Leiber, die feste Hoffnung auf die Auferstehung und die ewige Herrlichkeit, diese drei Momente begleiten mit ihren sanften Gefühlen die drei Gebete, in denen die Intention der Messe ausgesprochen ist.[1]) Hier wäre der geeignete Ort, um von den christlichen Leichenbegängnissen zu reden. Doch ist es allgemein bekannt, dass die Kirche, angefangen bei den prunkhaften Begräbnissen der Reichen und Mächtigen bis zu jenen der Elenden, abgesehen von dem äusseren Luxus, denselben Ritus, dieselben Gebete, dieselben Absolutionen, dieselben Segnungen in Anwendung bringt, da wir alle Kinder Gottes sind, alle dasselbe Ziel zu erreichen haben, welches Gott ist, und alle in gleicher Weise auferstehen sollen.

Ich wollte mich über diese Punkte betreffend, die Würde des menschlichen Leibes bei den Katholiken, die Mühe und Sorgfalt der Kirche für ihre Toten, die Art, wie sie dieselben in Ehren hält und die Weihe, die sie unseren Friedhöfen zu teil werden lässt, verbreiten, um aus Thatsachen zu zeigen, dass sie aus Gefühlsrücksichten sowie infolge treu bewahrter Überlieferung und zur Besiegelung des Glaubens an ihr

---

[1]) Siehe P. Steccanella. — Vom christlichen Friedhofe. — Civiltà Cattolica 1876, Bd. 14, Seite 307, 308.

trostreichstes Dogma die Beerdigung ihrer Toten will und schützt und daher vor der Verbrennung zurückschaudert, welche der heilige Augustinus als Unmenschlichkeit bezeichnet, ingens saevitia. Tertullian bezeichnete dieselbe als äusserst grässlich,[1]) und viele andere Väter nannten sie einen barbarischen Unsinn, eine Grausamkeit. Ein Konzilium des achten Jahrhunderts widersetzte sich der Einführung der Scheiterhaufen. Karl der Grosse verbot in seinen Kapitularien unter Androhung der Todesstrafe die Verbrennung der Leichen, und um sich dem von den Kreuzfahrern eingeführten Gebrauche zu widersetzen, die Leichen ihrer in unchristlichen Ländern verstorbenen Gefährten zu verbrennen oder zu sieden, um sie den Verunglimpfungen zu entziehen und sie in das Vaterland zurückzubringen, nannte Bonifacius VIII. denselben eine verabscheuungswürdige Wildheit in seinem Kirchengesetze, welches mit den Worten anfängt: Detestandae feritatis abusu,[2]) und er exkommunizierte jene Verbrenner

---

[1]) Atrocissime exurit. Tertul. de anima cap. 1. E, im Buche de Corona cap. XI. Et cremabitur ex disciplina castrensi Christianus, cui cremari non licuit.

[2]) Die Wichtigkeit dieses päpstlichen Gesetzes ist so gross, dass wir es für passend halten, es in der Anmerkung wiederzugeben.

Extra vagantes Commun. Libr. III. Tit. VI. de Sepulturis, cap. I. — Corpora defunctorum exenterantes, et ea immaniter decoquentes, ut ossa a carnibus separata ferant sepelienda in terram suam ipso facto sunt excommunicati (Bonifatius VIII.).

»Detestandae feritatis abusu, quem ex quodam more horribili nonnulli fideles improvide prosequuntur, nos, piae intentionis ducti proposito, ne abusus praedicti saevitia ulterius corpora humana dilaceret, mentesque fidelium horrore commoveat et perturbet auditum, digne decrevimus abolendum. Praefati namque fideles huius suae improbandae utique consuetudinis vitio intendentes, si quisquam ex eis genere nobilis, vel dignitatis titulo insignitus, praesertim extra suarum partium limites debitum naturae persolvat, in suis vel alienis remotis partibus sepultura electa, defuncti corpus ex quodam impiae pietatis affectu truculenter exenterant, ac illud membratim vel in frusta immaniter concidentes ea subsequenter aquis immersa exponunt ignibus decoquenda. Et tandem ab ossibus tegumento carnis excusso, eadem ad partes praedictas mittunt seu deferunt tumulanda Quod non solum divinae majestatis conspectui abominabile plurimum redditur, sed etiam humanae considerationis obtutibus occurrit vehementius abhorrendum. Volentes igitur (prout officii nostri debitum exigit), illud in hac parte remedium adhibere, per quod tantae abominationis, tantaeque immanitatis et impietatis abusus penitus deleatur, nec

menschlicher Körper. Da nun die Kirche seitens vieler
Bischöfe, Bekenner und Gläubigen gefragt wurde, ob
die Verbrennung der Leichen erlaubt sei; so hat sie
kategorisch geantwortet, dass dieselbe nicht erlaubt
ist; dass es nicht erlaubt ist, Gesellschaften beizutreten,
welche den Zweck der Leichenverbrennung verfolgen,
und dass, wenn diese Gesellschaften von der Freimaurerei ausgeheckt sind, wer denselben beiträte, sich
die Strafen zuziehen würde, welche jenen Gesellschaften angedroht sind.[1]) Es unterliegt also gar

extendatur ad alios, apostolica auctoritate statuimus et ordina-
mus, ut, quum quis, cuiuscumque status aut generis seu dignitatis exstiterit, in civitatibus, terris seu locis, in quibus catho-
licae fidei cultus viget, diem de caetero claudet extremum,
circa corpora defunctorum huiusmodi abusus vel similis nulla-
tenus observetur, nec fidelium manus tanta immanitate foeden-
tur. Sed ut defunctorum corpora sic impie ac crudeliter non
tractentur, deferantur ad loca, in quibus viventes elegerint
sepeliri, aut in civitate, castro vel loco, ubi decesserint, vel
loco vicino ecclesiasticae sepulturae tradantur ad tempus ita,
quod demum incineratis corporibus, aut alias ad loca ubi sepultura elegerint, deportentur et sepeliantur in eis. Nos enim, si
praedicti defuncti exsecutor vel exsecutores, aut familiares eius,
seu quivis alii, cuiuscumque ordinis, conditionis, status aut
gradus fuerint, etiamsi pontificali dignitate praefulgeant, aliquid
contra huiusmodi nostri statuti et ordinationis tenorem prae-
sumpserint attentare, defunctorum corpora sic inhumaniter et
crudeliter pertractando, vel faciendo pertractari, excommuni-
cationis sententiam quam ex nunc in ipsos pro-
ferimus, ipso facto se noverint incursuros, a qua
non nisi per apostolicam sedem (praeterquam in mortis articulo)
possit absolutionis beneficium obtinere. Et nihilominus ille,
cuius corpus sic inhumane tractatum fuerit ecclesiastica careat
sepultura. Nulli ergo etc. Datum Lateran. XII. Calen. Martii
Pont. nostri An. VI. ⸴

Bonifacius Octavus.◄

[1]) Es möge hier auch die tiefernste Entscheidung Platz
finden, welche die heilige Kirche zu dem Zwecke veröffentlicht
hat. Dieselbe löst den Katholiken diese Frage ganz definitiv
und macht, dass man fortan nicht mehr in gutem Glauben darüber disputieren kann.

Feria IV. die Maii 1886.

►Non pauci Sacrorum Antistites cordatique Christifideles
animadvertentes, ab hominibus vel dubiae fidei, vel massonicae
sectae addictis magno nisu hodie contendi, ut ethnicorum usus
de hominum cadaveribus comburendis instauretur, atque in
hunc finem speciales etiam societates ab iisdem institui: veriti,
ne eorum artibus et cavillationibus fidelium mentes capiantur,
et sensim in eis imminuatur existimatio et reverentia erga
christianam constantem et solemnibus ritibus ab Ecclesia con-
secratam consuetudinem fidelium corpora humandi: ut aliqua
certa norma iisdem fidelibus praesto sit, qua sibi a memoratis

keinem Zweifel mehr: Die Verbrennung der Leichen ist durch die Kirche ausdrücklich verboten. Hieraus erklärt sich um so besser der höllische Eifer der Freimaurerei bezüglich der Verbreitung der Leichenverbrennung. Jene war sich bewusst, dass sie durch Verbreitung der letzteren gegen die Kirche und ihre Vorschriften ankämpfte. Es ist der Geist Satans, der gegen den Geist Christi zu Felde zieht, es ist der Unglaube, der den Glauben befehdet. So bekämpften die Heiden, wie schon angedeutet, die christlichen Begräbnisse, weil sie wähnten, dass der Leib, wenn er zerstört worden, nicht mehr auferstehen könne; und ebenso bekämpfen gegenwärtig die modernen Heiden das christliche Begräbnis aus demselben Grunde. Und um sich noch mehr von der Wahrheit unserer Behauptung zu überzeugen, genügt es, einen Blick auf dasjenige zu werfen, was die Freimaurer selbst über die Sache schreiben.

In der italienischen Rivista della Massoneria vom 1. Juni 1871 liest man, dass in einer am 26. Mai abgehaltenen Versammlung der Maurer oder Brüder, wie sie sich nennen, der folgende Beschluss gefasst wurde, welcher zeigt, wie sehr die Verbrennung der Leichen den Freimaurern am Herzen liegt. Dieser Beschluss lautet: In der Erwartung, dass die Friedhöfe ausschliesslich bürgerlich werden, ohne Unterscheidung des Glau-

---

insidiis caveant; a Suprema S. Rom. et Univ. Inquisitionis Congregatione declarari postularunt:

1. An licitum sit nomen dare societatibus quibus propositum est promovere usum comburendi hominum cadavera?
2. An licitum sit mandare ut sua aliorumve cadavera comburantur?

»Eminentissimi ac Reverendissimi Patres Cardinales in rebus fidei Generales Inquisitores supra scriptis dubiis serio ac mature perpensis, praehabitoque DD. Consultorum Voto respondendum censuerunt:

Ad 1^m Negative, et si agatur de societatibus massonicae sectae filiabus, incurri poenas contra hanc latas.

Ad 2^m Negative.

Factaque de his Sanctissimo Domino Nostro Leoni Papae XIII. relatione, Sanctitas sua resolutiones Eminentissimorum Patrum adprobavit et confirmavit et cum locorum Ordinariis communicandas mandavit, ut opportune instruendos curent Christifideles circa detestabilem abusum humana corpora cremandi, utque ab eo gregem sibi concreditum totis viribus deterreant.

Jos. Mancini S. Rom. et Univ. Inq. Notarius.«

bens und Kultus, nimmt sich die italienische Freimaurerei vor, bei den Municipien den Gebrauch der
Verbrennung anstatt der Beerdigung zu befördern.
Desshalb empfiehlt dieselbe allen Freimaurerwerkstätten,
sowie den einzelnen Brüdern das Studium verschiedener
Systeme, welche geeignet sind, das Beabsichtigte in
vorsichtiger, die Hygieine berücksichtigender und
wenig kostspieliger Weise zu erreichen. Und Adrien
Grimaux schreibt im Monde Maçonnique XVIIième année
Tome XVIII Août-Sept. 1876, p. 161 et 167: Unser Institut setzt in Italien ruhig seine Arbeiten fort. Die
Loge La Ragione in Mailand hat bezüglich der Experimente mit der Leichenverbrennung die Initiative er-
griffen. La Chaine d'Union vom Januar 1878 schreibt
auf Seite 26 und 27 bezüglich des Leichenbegängnisses
des Br.·. Giovanni Mussida, dass seine Verbrennung
consacra une fois de plus ce nouveau progrès dont le
triomphe en Italie est dû en majeur partie à la Franc-
maçonnerie. Aus dem Angeführten und aus vielen
anderen Stellen, die wir anführen könnten, die wir aber
der Kürze halber übergehen, sieht man klar, wie viel der
Freimaurerei an der Leichenverbrennung gelegen ist,
und das sollte nach unserer Meinung hinreichen, sie
allen Katholiken verabscheuungswürdig zu machen.
Nur um noch mehr zu zeigen, warum die Freimaurerei
eine derartige Gottlosigkeit begünstige, wollen wir den
Leser auf das schon oben gebrachte Citat zurückweisen,
das von dem Bruder Castellazzo Luigi, Sekretär der
Freimaurerei in Rom aus dem Maibande 1885 N. 150
herrührt, wo er sagt, dass die Civilbegräbnisse und die
Scheiterhaufen der Leichenverbrennung ihnen (dem
Papste und der Kirche) noch die letzte Wiedervergel-
tung nach dem Tode rauben werden.
    Und der Maurer Ghisleri schrieb im Almanach
des Libero Muratore, herausgegeben von Battezzati in
Mailand 1881: Die Katholiken haben gerechte Ursache,
sich der Verbrennung zu widersetzen. Diese Läuterung
der Toten durch das Feuer würde die Herrschaft der
Katholiken in ihren Grundfesten erschüttern. Und
Homunculus in demselben Almanach von 1873 mit
feiner und satanischer Ironie: Die Gläubigen mögen
sich darüber beruhigen, dass die Verbrennung keinem
der vielen Dogmen widerspricht, denen sie Glauben zu
schenken gezwungen sind; höchstens würde sich
das Problem einigermassen komplicieren, in

welcher Weise sie am Tage des Gerichtes ihre
vorher verlassenen Leiber wieder annehmen
können, um im grossen Thale Josaphat zu erscheinen. Natürlich. — Der furchtbare Schlag, welchen
die Kirche der Leichenverbrennung durch ihr entschei-
dendes Verbot versetzt hat, bewirkte, dass die Freimaurerei Gift speit und ihre gottlose Gesinnung klar
enthüllt, die voll tödlichen Hasses ist gegen die unbe-
fleckte Braut Christi; und in ihrem Hasse machte sie,
um der jüngst ausgesprochenen Entscheidung der Kirche
zu trotzen, die Leichenverbrennung zum Gesetze der
Freimaurerei.[1]) Es kann über die Absichten der

---

[1]) Hier folgt die Entscheidung der Mailänder Freimaurer-
logen gegen die Verordnung der heiligen Kirche, welche die
Verbrennung verbietet.

»Da die R. Loge La Ragione in Mailand das entschiedene
Votum der heiligen römischen Inquisition zur Kenntnis genommen, durch welches die Leichenverbrennung verboten und ver-
dammt wird:

Da nun obgenannte Loge es für die Freimaurerei höchst
ehrenvoll findet, dass der Papst ihr ein Werk der Civilisation
und der Hygieine zuschreibt;

so ladet sie den Grossorient Italiens ein, alle Logen an-
zuregen, dass sie überall Leichenverbrennungsvereine kon-
stituieren und Verbrennungstempel errichten. und überdies die
Leichenverbrennung als Gesetz der Freimaurerei betrachten.«

Wir halten es für sehr zweckmässig, ein Rundschreiben
wiederzugeben, welches das Centralkomité der italischen Liga
der Kremationsgesellschaft im Oktober 1886 erliess, und zwar
um noch besser zu zeigen, dass der Geist, welcher die Gönner
der Kremation beseelt, antikatholisch, antireligiös und durchaus
freimaurerisch ist. Deshalb lassen wir hier dieses vom Komité
an die Präsidenten der verschiedenen Vereine und Komités in
Italien erlassene Rundschreiben folgen.

»Hochwohlgeborener Herr Präsident!

Sicherlich ist Euer Hochwohlgeboren nicht entgangen,
dass die Kirche dem Gebrauche der Leichenverbrennung täglich
entschiedener entgegentritt. Schon in unseren früheren Rundschreiben hatten wir Gelegenheit, die Aufmerksamkeit Eurer
Hochwohlgeboren auf diesen Punkt zu lenken. Infolge der
neuen Geschehnisse sowie der Instruktionen, die einige Bischöfe
über diesen Gegenstand an ihre Weihbischöfe gerichtet haben
(sic!!!), ist es jedoch unsere Pflicht, Fürsorge zu treffen, auf
dass die Kremationsdoktrin nicht durch die neuen, keineswegs
provozierten Verfolgungen Schaden leide. Da den zur Kremation bestimmten Leichen die religiösen Ceremonien versagt
worden sind, wird es vonnöten sein, die Civilbegräbnisse mit
möglichstem Pompe abzuhalten, unter der grössten Teilnahme
der Mitglieder der Gesellschaften, denen der Verstorbene angehörte, mit den Vereinsstandarten, kurz, mit allem, was die
Feierlichkeit der Ceremonie zu erhöhen und die Verstorbenen

Freimaurerei kein Schatten von Zweifel mehr obwalten. Wir wiederholen es, die Leichenverbrennung ist nicht eine Frage der Hygieine oder der Civilisation; sie ist eine Frage des Hasses gegen das Christentum und seine Einrichtungen; es liegt in derselben eine Taktik jenes höllischen Krieges, den Satan seit achtzehn Jahrhunderten gegen die Kirche Jesu Christi und seine Religion führt.

Indem die Christen ihre Gräber, wie wir es gesehen haben, mit einem Strahlenkranze der Religion und Pietät umgaben, bewirkten sie, dass aus denselben die Blume des Glaubens an das zukünftige Leben, die Frucht der Erlösung, sprosste; und da, die Hoffnung ihre Schwingen regte, verschwanden der Grüfte Schrecken; Engelsstimmen unterbrachen das düstere, traurige Schweigen; die Finsternis des Grabes ward von Himmelsglanz erhellt.

Es lässt sich nicht leugnen, dass nur die läuternde christliche Idee den Tempel der Auflösung und des Todes in jenen der Wiedergeburt und des Lebens umzuwandeln vermochte. Resurrecturis! Das ist an der Fronte aller unserer Friedhöfe zu lesen.

---

zu ehren vermag. Ausserdem halten wir es für zweckmässig, dass gelegentlich des nahen Allerseelentages (2. November) die in den verschiedenen Städten Italiens bestehenden Kremationstempel dem Publikum geöffnet und so hergerichtet werden, dass sie auf die Besucher den besten Eindruck machen, indem man die Urnen der Verbrannten mit Blumen schmücke und den Mitgliedern der Vereine für diesen Tag einen pietätvollen Besuch des Friedhofes ansage, um den Verstorbenen den Kultus erinnerungsvoller Liebe zu erweisen. Endlich werden die Gesellschaften besorgt sein müssen, der Propaganda, welche die Kirche gegen das Institut der Kremation macht, ein beharrliches und wirksames Apostolat zu gunsten der Reform entgegenzustellen. Es erscheint darum unerlässlich, überall auch in geringeren Centren, über diesen Gegenstand populäre Konferenzen abzuhalten, um darzuthun, wie ungerechtfertigt die vom religiösen Standpunkte ausgehende Bewegung gegen die Kremation sei. Wir finden nicht Worte genug, um solches einzuschärfen, und alle Gesellschaften sollen mit grösstem Eifer diesen so wesentlichen Teil ihres Programmes zu verwirklichen suchen. Und damit unsere Propaganda ihren Zweck besser erreiche, wird es vonnöten sein, dass sich die Kremationsvereine insbesondere an die Frauen, Jünglinge und Arbeiter wenden und diesen letzteren mit allen Mitteln den Eintritt in die Vereine selbst erleichtern oder, wie die Mailänder Gesellschaft gethan, diejenigen Arbeiter gratis als Mitglieder einschreiben, die zu Verbänden gegenseitiger Hilfe gehören und ausdrücklich erklären, dass sie die Kremationsdoktrin annehmen. Diese Praxis muss von den Präsidenten der Kremationsvereine

Doch für den Ungläubigen bleibt der Tod eben
Tod; keine Idee, keine Hoffnung bewegt jenen Staub,
den die Grube umschliesst, kein göttlicher Hauch macht
jene fleischlosen Gebeine aus Liebe erzittern; für ihn
ist das Grab das Nichts! Wer nicht an eine Zukunft
jenseits des Grabeshügels, nicht an eine göttliche Gerechtigkeit, an den Lohn und Preis der Selbstverleug-
nung und der Tugend, nicht an die ewige Strafe glaubt,
welche Gott den Übertretern seines Gesetzes auferlegt;
wer weder an einen Himmel noch an eine Hölle glaubt:
dem tritt im stummen, schrecklichen Grabesdunkel
nichts anderes entgegen als das Ende des Lebens, die
Auflösung und Umwandlung der Materie, das Ende der
Sinnesfreuden, mit einem Worte das Nichts, das kalte,
verzweiflungsvolle Nichts!

Ihm schimmert nicht einmal von weitem die erhabene und tröstliche Wahrheit entgegen, dass

.... wir Würmer sind, doch
künftige Schmetterlinge, die den Engeln gleichen.[1]

Es ist daher natürlich, dass einem Ungläubigen
der blosse Anblick eines Grabmales unerträglichen Über-

in Übereinstimmung mit den Räten, welche die Verbände gegenseitiger Hilfe dirigieren, beobachtet werden, damit man zu
gunsten der Arbeiter sichere Normen festsetzen und die Beobachtung ihrer Willensrichtung bevormunden könne auch in
dem Falle, dass sich der Tod im Spitale ereigne, wo es nicht
selten vorkommt, dass man die Leidtragenden (!) durch alle
möglichen Pressionen von der Erfüllung der seitens des Verstorbenen getroffenen Verfügungen abzuhalten sucht. Dies
sind — der Hauptsache nach — die Massregeln, welche wir
im allgemeinen Interesse und zum Schutze der so arg bekämpften Institution den Kremationsvereinen anzuraten uns erlauben.
Es ist überflüssig einzuschärfen, dass wir auch bei der Aus-
übung einer so gesetzlichen Verteidigung vom erhabensten
Gefühle bürgerlicher Toleranz erfüllt sein und uns von jedem
Akte der Gewalt und Pression fernhalten müssen, auf dass der
Gebrauch so tadelnswerter Mittel ausschliessliche Prärogative
jener verbleibe, die unsere Institution aus Sektiererei bekämpfen,
sowie sie allezeit jede freiheitliche und fortschrittliche Idee
und Reform bekämpft haben. Wir werden Euer Hochwohlgeboren Dank wissen, wenn Sie uns von dem Empfang dieses
Schreibens bestätigen und uns von dem benachrichtigen, was
von seiten der Gesellschaft, deren Vorsitz Sie führen, zum
Zwecke veranlasst worden.

Der Präsident,
Prof. J. Cantoni, Senator.

Der Sekretär,
Dr. J. Pini.«

[1] Dante Purgatorio 10, V. 124, 125.

druss und widerwärtigen Ekel erzeugt. Für ihn ist das Grab eine furchtbare Wirklichkeit ohne den Trost einer notwendigen und doch erhabenen Wahrheit. Für einen solchen Ungläubigen, der sich seiner Gelehrsamkeit in der modernen Wissenschaft des Positivismus, des Rationalismus und des Realismus rühmt, schliesst das Grab die Geschwulst eines in seinen Lebenskräften erschöpften Wesens ein und bricht in rauher Weise den Wünschen, den Träumen, der Begierlichkeit die Flügel ab. Es stellt für ihn eine chemische Umgestaltung der Materie vor, eine Entwicklung des Seins, eine Zersetzung des animalischen Organismus, über welche die Chemie ihre Versuche und Experimente machen kann. Ihm ist das Grab nichts anderes als ein beliebiger Ofen, in dem die Natur sich auflöst und verwandelt, sich wieder zusammensetzt und in ihrer Umwandlung neue Zufälligkeiten, neue Principien und Präparate zu Tage fördert, die sie in der Ökonomie und im Interesse einer neuen Schöpfung wohl zu verwenden wissen wird. Unparteiisch aufgefasst, gilt von diesem Standpunkte aus das Aas eines Hundes oder Esels ebensoviel wie die Leiche eines Menschen mit dem einzigen Unterschiede, dass man aus dieser, da sie reicher ist an befruchtenden und fruchtbaren Elementen, grösseren Nutzen ziehen kann.

So reden Grab und Tod die kaufmännische und mathematische Sprache unseres berechnenden, geizigen und egoistischen Jahrhunderts, das nur auf materiellen Nutzen, auf gewinnreichere Produktion bedacht ist.

Und was sind Geist und Seele? Ein wenig Phosphor, dessen Phosphorescenz sich als Gedanke, als Idee, als Verstand darstellt. Ist der Phosphor verbraucht, hört die Phosphorescenz auf. Das ist alles! Es sind dies eben die grossen, majestätischen Wahrheiten, die den erhabenen Glaubenswahrheiten gegenüberstehen. Das auch sind die grossen Errungenschaften der atheistischen Wissenschaft, die alles leugnet und damit auch sich selbst.

Unter solchen Umständen könnte es nicht wundernehmen, wenn man die Leichenverbrennung als eine Angelegenheit des öffentlichen Nutzens betrachtete; wenn man aus dem menschlichen Fette Kerzen verfertigte, wie man deren aus dem Fette der auf dem Friedhofe der unschuldigen Kinder zu Paris Beerdigten zur Zeit der französischen Revolution herstellte. Was

Wunder, wenn der Econom Roland die Destillation der Leichname anriet, um Öl daraus zu gewinnen? wenn zu Pont de Cès, zu Etampes und auf dem Schlosse Meudon Gerbereien menschlicher Haut existierten, um Beinkleider aus derselben zu verfertigen, welche dann einige Repräsentanten der Nationalversammlung am zwanzigsten des Wiesenmonates (8. Juni 1793) zur Inauguration des neuen Gottes anlegten!! Solche Beinkleider wurden auch dem Barère von einem Generale aus der Vendée geschickt. Auch trug man deren, als man auf dem Altare zu Notre-Dame die Ballettänzerin Mademoiselle Maillard als Vernunftgöttin, die das Kruzifix mit Füssen trat, anbetete! Nichts darf uns wundern, auch nicht, dass wir die Bücher von den Rechten des Menschen und jene, welche die Konstitution von 1793 enthielten, zu Dijon von Causse auf Velinpapier gedruckt und in Menschenhaut gebunden sehen! Diese Haut imitierte rötliches Kalbsleder und stammte von den erwürgten Vendéensern. Weshalb sollten wir uns ferner wundern, dass die Gebeine der 1855 in der Krim gefallenen Soldaten als animalischer Dünger verkauft wurden? dass man Versuche machte, an der Asche der Leichenverbrennungsöfen zu gewinnen, indem man eine Gesellschaft gründete, welche den Handel mit derselben verbreiten sollte? dass in Belgien ein gewisser Franck den Vorschlag machte, aus den Totenknochen verglaste Trinkgefässe herzustellen, um daraus den Manen der Verstorbenen zuzutrinken; wenn man damit umging, aus den Leichen eine Art Leuchtgases zu gewinnen und wenn man endlich vorschlug, dieselben als Brennmaterial zu gebrauchen, um andere Leichen zu verbrennen?

Es sind das schreckliche Dinge, namenlose Schandthaten, aber, sagen wir es offen, es sind gesetzmässige Folgen der vorangeschickten Prämissen. Hat man einmal die Negierung Gottes als Princip zugelassen, unsere Seele in Phosphor verwandelt, unsere Abstammung vom Schimpanze, dem Orang-Utang und dem Gorilla festgestellt; hat man die menschliche Würde mit Füssen getreten: was bleibt dann übrig vom Menschen, als Materie? Auch die Leichenverbrennung ist hiervon eine Folge, und mit den Friedhöfen ist dann nichts anderes anzufangen als, was im Jahre 1852 Moleschott aus denselben machen wollte, nämlich sie in Felder verwandeln und Getreide darauf säen.

Die Beerdigung und die Verbrennung vom Standpunkte des Gefühls und der Sitte.

Die Religionen aller Völker des Erdkreises schöpften ihr Wesen aus einem übernatürlichen Principe und stehen, ausserdem dass sie dieselben schützen, mit dem natürlichen und dem Sittengesetze in innerem Zusammenhange, welches letztere dahinzielt, die menschlichen Handlungen der Gerechtigkeit gemäss zu regeln und dessen Sanktion Lohn oder Strafe jenseits des Grabes ist. Aus den religiösen Vorschriften und Principien eines Volkes sprosst daher natürlicherweise das positive Gesetz, das seinem Wesen nach heilig und bürgerlich ist und alle bedeutenden Momente des Lebens und des menschlichen Verkehres umfasst. Und wie es den Menschen, der erst im Mutterleibe empfangen, unter seine Vormundschaft nimmt, so begleitet es ihn durch das Leben, so schützt es auch noch den Verstorbenen.

Ward doch der Tod seitens aller Religionen und aller Gesetze von heiligen Garantien umgeben in Bezug auf den Menschen, der nach Vollendung der irdischen Wanderschaft seinen entseelten Leib der Mutter Erde überliess, während sein Geist an einen unbekannten Strand pilgerte.

Vom fernsten Altertume an, seit den sogenannten vorhistorischen Zeiten sehen wir stets und beharrlich infolge religiöser und bürgerlicher Gesetze bei allen Völkern mit wenigen Ausnahmen, auch bei den rohesten und wildesten, das System der Beerdigung jenem der Verbrennung der Leichen vorherrschen; wie ferner meistens ein Grabhügel auch zum Altare der Religion ward oder wenigstens der Altar neben demselben sich erhob. Paul Gorini selbst, der aus einem Taxidermiker vielleicht durch die berühmte Entwicklungstheorie sich in einen grimmen Meister der Krematistenschule verwandelte, bezeugt es ausdrücklich, indem er schreibt: ,Wir können behaupten, dass uns kein Zeitalter bekannt ist, in welchem dieser Modus (der Beerdigung) nicht gegenüber der Summe der anderen gleichzeitig zur Anwendung gekommenen ein ansehnliches Über-

gewicht besessen hätte.»[1]) Daraus sollten wir folgern,
dass die Sitte der Beerdigung die dem Menschen an-
gemessenste und natürlichste ist; dass dies jene Sitte
ist, welche die Natur den Menschen seit dem Urbestande
der Welt gelehrt hat und die beharrlich ausgeübt wurde
unter der allgemeinen Zustimmung und unter dem Bei-
falle aller Menschen aller Zeiten. Da sie nun die allgemeine Zustimmung besitzt, so trägt sie den Stempel
höchster Auktorität. Wer sich ihr also widersetzen
will, widersetzt sich der ganzen Menschheit, ihrer Vernunft, ihrer Moral, ihrem ausdrücklichen Willen. Daraus erhellt des weiteren, dass die Leichenverbrennung
eigentlich nichts anderes ist, als eine Verkehrung des
moralischen Gefühls und der menschlichen Vernunft,
ein Wahnsinn, eine Ausnahme, die zur Bestätigung
der Regel ausschlägt.

Um nun unsere Behauptungen durch Thatsachen
zu rechtfertigen und unsere Ansichten zu bekräftigen,
wollen wir uns Jahrhunderte zurückversetzen; und indem wir fast alle Völkerschaften der Erde besuchen
und ihre Religionen, ihre Gesetze und Sitten mit der
Wahrhaftigkeit und Unparteilichkeit gewissenhafter Geschichtschreiber erforschen, werden wir zu erkennen
und auseinanderzusetzen suchen, ob die Sitte der Beerdigung, ob jene der Verbrennung der Toten bei
ihnen vorgeherrscht, damit der leidenschaftslose Leser
nach Betrachtung des Bildes, das wir ihm vor Augen
stellen, ein angemessenes Urteil fällen könne.

Und um die Dinge, wie man zu sagen pflegt, ab
ovo zu nehmen, sehen wir im Dunkel der Zeiten den
sogenannten Urmenschen, dessen Spuren wir noch in
seinen Wohnungen wahrnehmen, welche von den Geologen fortwährend entdeckt werden und aus denen man
(mit Hinweglassung alles sophistischen Unsinns gelehrter Ungläubiger, die thörichterweise die Wissenschaft
als Waffe gegen die Offenbarung gebrauchen), mittels
gelehrter und geduldiger Forschungen so oft, wenn auch
hypothetisch, die Gesittung jener Urvölker ableiten
kann, die im Zeitalter des Höhlenbären und des Mam-
muts lebten und von den Höhlen, welche sie bewohnten, den Namen Trogloditen führen. Es ist sichergestellt, dass unter allen Forschungen nach jenen ältesten,

---

[1]) Gorini, Von der Läuterung der Toten durch das Feuer.
Seite 3.

längst vergangenen Trogloditen gerade jene bezüglich
ihrer Gebräuche die gewisseste, am wenigsten hypo-
thetische Erkenntnis erzielt haben, welche sich auf
ihren Totenritus beziehen: eine Thatsache, die uns von
wegen der Natur unserer Arbeit so sehr interessiert.
Und da sie die ersten Kinder der ursprünglichen Natur
waren, so darf man wohl mit Grund annehmen, dass
sie sozusagen instinktivisch die ehrwürdigen Aussprüche
dieser Natur befolgten und bei der Unmöglichkeit fremder Berührung denselben ihre Lebensweise und ihre
Gebräuche anpassten. Kommen wir nun auf unsere
Behauptung zurück und formulieren wir die Frage:
Haben die Trogloditen, die Zeitgenossen des Höhlenbären und des Mammut, ihre Leichen verbrannt oder
beerdigt?
Auf diese Frage lässt sich folgende Antwort geben.
In der Nähe von Aurignac am Oberlaufe der Garonne
entdeckte im Jahre 1852 ein mit Graben beschäftigter
Landmann in einer Gegend, die von ihren Bewohnern
als moutagno de las Hajoles oder der Buchen bezeichnet wird, eine Knochenhöhle, die von einem grossen,
vertikal gestellten Quadersteine geschlossen war. Er
drang in die Höhle ein und fand daselbst siebzehn
menschliche Skelette. Lartet studierte diese Höhle,
und aus den daselbst vorgefundenen Jagdgegenständen,
Halsketten, Armbändern und anderen rohen Werkzeugen, die sämtlich aus Renntierknochen verfertigt und
mit menschlichen sowie mit Knochen bereits verschwun-
dener Tiere wie des Bos urus und des Ursus spelaeus
gemengt waren, folgerte er, dass diese Höhle zweifels-
ohne dem Urzeitalter des Renntiers angehöre. Was
man jedoch beobachtete, war insbesondere der Umstand,
dass die häufig mit Asche vermengten Knochen der
Tiere versengt und verkohlt erschienen, vielleicht weil
die Tiere bei einem Totenmahle oder einer anderen
Leichenfeier als Speise gedient, während die menschlichen Knochen den Einfluss des Feuers sicherlich
nicht erfahren hatten. Daraus erhellt offenbar, dass im
Renntierzeitalter die Leichen beerdigt oder in Höhlen
verschlossen wurden, die man gegenwärtig in der Geo-
logie als Knochenhöhlen bezeichnet, und dass also bei
jenen Urvölkern die Leichenverbrennung nicht eingeführt war.
Ausser der Knochenhöhle zu Aurignac dienen uns
zum Beweise unserer Behauptung zwei Mongolenschädel,

der eine mit geraden, der andere mit hervorstehenden
Kiefern, welche Dr. Dupont in den Höhlen Belgiens
aufgefunden hat. Die Schädel von Bruniquel, die
V. Brun unter Felsen gefunden, die Schädel von So-
lutré, die Arcelin und De-Ferry gefunden haben, bestätigen uns die Beerdigung im Renntierzeitalter, welche
Art die Leichen zu behandeln nach Pruner-bey auf
zweierlei Weise vorgenommen wurde. Nach der ersten
wurde der Leichnam durch einen Kreis von Steinen
vor Entweihung gesichert; nach der zweiten legte man
denselben auf die heisse Asche des Herdes, der bei
einigen Völkern als Ehrenplatz galt, z. B. bei den
Jakuten in Sibirien.

Die Höhle von Bizé bei Narbonne, die Höhle von
Massut (Ariège), die Grotte von Lourdes in den hohen
Pyrenäen, jene von Espalimque oder von Izeste in den
niederen Pyrenäen, jene von Savigné (Vienne), jene
von Balme und von Banthénas im Dauphiné, all diese
menschlichen Wohnstätten entsprechen zwar nicht demselben Zeitalter, beziehen sich aber alle ohne Unter-
schied auf jenen langen Zeitraum, welcher als Renntierzeitalter bezeichnet wird, und sie alle beweisen uns,
dass man damals die menschlichen Leichen nicht verbrannte, denn, wir wiederholen es, die verkalkten oder
verbrannten Knochen, die man in jenen Höhlen zuweilen mit den unversehrten menschlichen gemengt
antrifft, gehören offenbar Tieren an, die bei den Leichen-
mählern ältester Sitte geopfert wurden.

Folgen wir der von den Geologen festgestellten
Ordnung vom Renntierzeitalter zur Quaternärperiode,
so gelangen wir zum Zeitalter der geglätteten Steine
und begegnen den keltischen Hünengräbern, den mutmasslichen Druidenältären. Sie sind glorreiche Überreste einer Zeit, die im Dunkel der Vergangenheit ein-
gesargt ist, kolossale Rätsel, die unserer Vernunft
gestellt werden und die Neugier des Gelehrten und
des Denkers auf das lebhafteste erregen. Offenbar
waren es Grüfte, in denen man mehrere in einem
Raume vereinigte Leichen begrub, welcher durch die
obere Decktafel und deren Stützen gebildet wurde. Die
grosse Anzahl der in den Hünengräbern und Grabmälern aufgefundenen Leichen lässt vermuten, dass
dieselben geräumige allgemeine Totenstätten waren.
Als solche erscheinen jene von Axeval und Luttra in
Schweden. Die erstere, welche im Jahre 1803 ausge-

forscht wurde, enthielt etwa zwanzig Totenbahren von
fast würfelförmiger Gestalt, deren jede ein über sich
selbst zusammengebogenes, gleichsam niederkauerndes
Skelett enthielt. Nach Nilsons Ansicht dienten die
Wohnungen der Alten ihren Eigentümern auch als
Grab. Diese Sitte treffen wir bei vielen Völkern an.
. Begruben die Römer selbst ihre Toten ursprünglich
nicht in ihren Häusern? Die Bestattung, sagt Leguay
in seinem Werke über die Beerdigung im steinernen
Zeitalter bei den Parisern, pflegte in Höhlungen oder
einer Art Totenbahren, die auf der Stelle erbaut wurden, zu geschehen; dieselben bestanden aus Steinen
von verschiedenem Körperinhalte.

Mich an Breton in seinem Werke über die Denkmäler aller Völker haltend, bezeichnete ich die Hünen-
gräber als mutmassliche keltische und druidische Altäre;
nimmt man jedoch, dass auch im Renntierzeitalter die
Leichen mit religiösem Ritus umgeben wurden: konnten
jene dann nicht zugleich Gräber und Altäre sein, wie
dies bei uns vorkommt? Setzen wir nicht die Leiber
unserer Heiligen unter den Altären bei? Sind nicht
die Altäre der Katakomben wirklich Gräber, auf denen
die heiligen Handlungen vollzogen werden? Und
Dupaix, den Bresciani in den costumi di Sardegna bei
Gelegenheit der sardinischen nuraghes, einer Art Dolmen, citiert, bestärkt uns in diesem Gedanken. Apeny,
sagt Dupaix, se diferenciaba (unter den ältesten Völkern) el Ara de la Tumba, wo er von den Gräbern
der alten·Mexikaner spricht.[1])

Der äusserst gelehrte Kanonikus Spanc machte
im Jahre 1850 zu Tharros in Sardinien verschiedene
Ausgrabungen und fand in der Nekropolis die Reste
jener begraben, die er Karthager und Römer nennt.
Der Quartärkiesgrund, der die Ostseite des grossen
Markushügels bedeckt, ist ganz von Gräbern durch-
löchert; die einen sind viereckig und länglich, die
anderen kubisch. Man erreicht dieselben durch eine
Art offenen Ganges, der, in den Felsen gehauen, über
Stufen aufwärts führt. Die Öffnung oder der Eingang
ist ein halbes Meter hoch, bildet ein längliches Viereck
und ist mit einem Steine verschlossen. Von diesen

---

[1]) Viages de Guglielmo Dupaix sobre las antigüedades
mejicanas vol. V. p. 261.

Gräbern muss man jedoch die römischen Urnenbehältnisse oder Grabstätten mit Nischen unterscheiden, in
denen sich gläserne oder thönerne Aschenkrüge vorfinden, welche die Überreste jener umschliessen, die
nach Spanc von karthagischer und ägyptischer Abkunft
und deren Leichen nicht, wie es bei den zuerst erwähnten der Fall, verbrannt worden sind. Dieselben
sind ganz und ihre Lage in der Grabkammer ist eine
solche, dass das Haupt des Toten nach Sonnenaufgang
sieht oder nach der Eingangsthüre, die immer gegen
Osten liegt. In manchem Grabe findet sich ein einziges Skelett vor, in anderen drei oder vier in derselben
Lage. In dem vom Kanonikus Spanc im Jahre 1850
geöffneten Urnenbehältnisse fand sich nach Entfernung
des Schlussteines ein einziger auf der Erde liegender
Leichnam ohne Spur einer Bahre vor. Denselben um-
standen fünf Thongefässe von verschiedener Grösse,
drei ägyptische Teller in Form von Patenen; auf einem
derselben stand eine Lampe mit einer einzigen Schneppe
und den Spuren der Flamme, die gebrannt hatte; endlich ein von zwei übereinander stehenden Tellern verschlossener Kelch. Die Grabkammer hatte zwei Nischen
mit Gefässen, unter denen sich ein Thränenkrug oder
besser eine Parfumvase (unguentarium) vorfand. Letztere war emailliert und mit einem Katzenkopfe verziert,
aus dessen Maule eine Frauenfigur hervorkam. Auch
eine Art Bronzeschloss war vorhanden, scheinbar ein
Bestandteil eines hölzernen Kästchens, das in Staub
und Kohle verwandelt war; endlich gab es daselbst
einen grossen eingravierten Käfer, der einen Gegenstand
des ägyptischen Kultus vorstellte. In dem zweiten,
gegenüber liegenden Grabe befanden sich zwei Leichen,
mutmasslich ein Ehepaar. Um dieselben standen sech-
zehn Gefässe, aus denen vier längliche vermutlich Wein-
gefässe waren; sieben Teller von verschiedener Grösse,
Krüge und Thongefässe. Im Sande des Bodens fanden
sich Bronzegegenstände und Stücke verbrannten Holzes
vor, das zu einem Kästchen gehörte. Auf dem mutmasslich weiblichen Leichname fand man die Kügel-
chen eines Halsbandes aus Glas und Email, in dessen
Mitte ein Käfer aus grünem Jaspis angebracht war mit
einem eingravierten Eber an der Unterseite. Zu Füssen
dieses Skelettes lagen zwölf dünne, durchbohrte und
bearbeitete Elfenbeinplatten. Es scheint, dass sie einst
zu einem Kofferchen gehört, das mit zwölf Metallschild-

chen geziert gewesen, die in der Nähe lagen. Ausserdem fand sich eine Art Elfenbeinflöte vor, die in eine
Löwentatze endigte, und ein Teller mit dem Rückgrate
eines Fisches, vermutlich einer Seebarbe, die wohl dem
Toten als Zehrung auf der grossen Reise ins Jenseits
hingelegt worden. Auch ein Amulett aus weissem
Schmelz war da, das einen kleinen Affen vorstellte,
und sogar eine Schüsselmuschel von grossen Dimen-
sionen, jener Meeresgegend fremd; sie war von Mi-
nium umgeben. Diese Farbe war bei der Toilette der
Dame in Gebrauch gestanden, zum Färben der Lippen
und Wangen. Das dritte Grab lag in der Nähe des
vorigen und enthielt zwei Skelette, die gleich den
übrigen von achtzehn grossen und kleinen Gefässen
umgeben waren. In einer Ecke des Totengemaches
befanden sich zwei längliche Weinbehälter; zwei ähnliche Gefässe waren zerbrochen. Einer der Leichname
hatte einen Reif und einen grossen Silberring mit Edel-
stein bei sich. Vielleicht hatten diese Gegenstände als
Haarschmuck gedient oder hatten dieselben von den
Nasenlöchern und Lippen herabgehangen. Das andere
Skelett hatte ein Halsband aus Bernstein- und verkohl-
ten Holzkügelchen mit einem Käfer aus Email, auf
welchem ägyptische Hieroglyphen standen. Hier und
da lagen Bronzestücke, ein Wurfspiess aus demselben
Metalle und ein anderer Gegenstand aus Bronze, der
aussah wie ein chirurgisches Instrument. Das anstos-
sende Grab enthielt viele Skelette, zwölf Gefässe, sieben
Teller, zwei zweischnappige Lampen, Bronzegegenstände,
einen eisernen Dolch, einen Käfer aus weissem Schmelz
mit Hieroglyphen, eine Austernschale mit Zinnober,
einen grossen silbernen Ring und andere Gegenstände,
darunter ein sehr feiner irdener Napf und eine eiserne
Lanze. Das wichtigste der damals entdeckten Gräber
sollte das einer sehr reichen Dame sein. Dasselbe enthielt eine grosse Anzahl verschiedenartig gestalteter
Gefässe, ein Halsband aus Schmelzkügelchen, an dem
ein in Gold gefasster Käfer hing, einen zweiten Käfer
aus Jaspis, der einerseits einen Stier darstellte, zwei
prachtvolle goldene Armbänder, zwei Ringe für die
Beine, geringelte Schlangen vorstellend und in Vogel-
köpfen, vermutlich Schwanenköpfen endigend; diese
Ringe waren aus Bronze und elastisch, so dass man
sie nach Bedarf öffnen und schliessen konnte. Dieselben waren mit bewunderungswürdiger Genauigkeit

von einem Goldblech eingeschlossen. Ausserdem fanden sich da zwei Amulette, die einen niederkauernden
Affen vorstellten und vier stark oxydierte punische
Münzen.[1]) Auch bei Cagliari, zu Bonaria giebt es kar-
thagische und römische Gräber. In den ersteren lag
die Leiche ohne Sarg. Sie waren den soeben beschrie-
benen ähnlich. Auch zu Pittinuri in Sardinien fanden
sich unweit der Küste gläserne Aschenkrüge vor, die
Asche, verkalkte Knochen und eine römische Münze
enthielten.

Der äusserst kostbare Fund des ganzen Skelettes
von Laugerie Basse nächst der französischen Südbahn-
station, den Dr. Massenat mit Lalande und Cartailhac
teilt und der dem Zeitalter der geschliffenen Steinwaffen
angehört, drückt der Behauptung, dass zu jener Zeit
die Leichenverbrennung nicht gebräuchlich war, das
Siegel geschichtlicher Wahrheit auf. Dieses in der Dor-
dogne aufgefundene Skelett ist gegenwärtig im natur-
historischen Museum zu Toulouse aufbewahrt.

Gehen wir von der Steinzeit zur folgenden Periode
über, die als Bronzezeit bezeichnet wird, so teilt uns
Figuier, dem wir diese Daten entnehmen, mit, dass
man fortfuhr, die Leichen in jenen Grabkammern zu
beerdigen, die man heute als Gräber und Dolmen bezeichnet. Schimit bemerkt, dass man gar häufig den
Boden der Höhlen mit einer Schichte von Kieselsteinen
bedeckt findet, welche den Einfluss des Feuers erfahren
haben; dass hingegen die Grabkammern statt mit dem
gewöhnlichen Bruchsteine mit einem Holzbrette gedeckt
waren; dass man Skelette mit Bronzewaffen in einer
Art hölzernen Verschlages fand und dass man endlich
in allen dänischen Provinzen in ausgehöhlten Eichen-
stämmen Totenbahren aus Eichenholz findet. Offenbar
beerdigte man also die Toten im ersten Teile der Bronzezeit. Doch wurden sicherlich im zweiten Teile des
Bronzezeitalters manche Toten verbrannt, da einige
jenem Zeitalter angehörige Aschenurnen aufgefunden
worden sind. Aber ein sehr merkwürdiger Fall kam
in Lübeck im Jahre 1850 vor, indem daselbst drei
Grabstätten entdeckt wurden, die übereinander lagen

---

[1]) Siehe: Voyage en Sardaigne ou description statistique,
physique et politique de cette île avec des recherches sur ses
productions naturelles et ses antiquités par le C[r] Albert de la
Marmosa. Paris. Bertrand 1887. 1er vol. p. 579—583.

und genau unterscheidbar dem Stein-, dem Bronze-
und dem eisernen Zeitalter angehörten.

Zu Waldhausen bei Lübeck fand man einen Grabhügel von 4 m. 20 cm. Höhe und ¹/₂ m. Breite. Da
man nachgrub, fand man ein uraltes Grab, das offenbar
dem eisernen Zeitalter angehörte, da das darin befind-
liche Skelett von verrostetem Eisenzeug umgeben war.
Es war in freier Erde begraben. Unterhalb des Grabes
befand sich ein kalkloses Mauerwerk mit verschiedenen
Abteilungen, von denen jede einen Aschenkrug voll
verkalkter Knochen enthielt, die mit Halsketten, Haar-
nadeln und einem Bronzemesser gemengt waren. Endlich an der Basis des Hügels oder Grabmales fand man
ein Grab aus der Steinzeit aus roher Wacke gebildet
und ausser den Gebeinen rohes Kieselgeräte enthaltend.
Dadurch wird also bewiesen, dass man in der ersten
Hälfte der Steinzeit zu begraben, in der zweiten Periode
der Bronzezeit zu verbrennen pflegte und dass man im
eisernen Zeitalter zur schicklicheren Beerdigung, nämlich zum Begräbnisse in freier Erde zurückkehrte.

In Hallstadt im Salzkammergute wurde kürzlich
ein geräumiger Friedhof aus der Eisenzeit entdeckt, wo
man Aschenkrüge aus der ersten Periode jenes Zeitalters fand, da man noch der Neuerung aus der zweiten
Periode der Bronzezeit folgte, indem man die Leichen
verbrannte, und man erkannte, dass Teile, wie die
Brust, verbrannt waren und andere nicht; und endlich
fand man auch den Gebrauch der teilweisen Verbrennung aufgegeben und jenen der vollständigen Beerdigung in der zweiten Periode jenes Zeitalters allgemein
verbreitet.

Es finden sich auch nicht bloss in unserer alten
Welt Denkmäler dieser Art, sondern es giebt deren
sogenannte vorhistorische auch im fernen Amerika, in
der neuen Welt.

Daselbst haben wir die Totenschachte oder iso-
lierten oder gruppenweise vorkommenden Tumuli, die
meist nur ein einziges Skelett enthalten, ebenfalls in
kauernder Stellung wie jene in Schweden aus der
Steinzeit.

Da wir nun an die eigentlich historische Zeit
herantreten, mustern wir rasch die Gebräuche der verschiedenen Völker bezüglich des Gegenstandes gegenwärtigen Kapitels, nämlich darauf, ob sie das mit
Grabmälern verbundene System der Beerdigung an-

wendeten, oder ob sie die Leichen den verzehrenden Flammen des Scheiterhaufens anvertrauten.

Es wird gut sein, wenn wir von den Hebräern ausgehen. Die Krematisten sagen, die Kremation sei aus hygienischen Rücksichten bei dem hebräischen Volke Sitte gewesen, und aus dieser wohlfeilen Behauptung ziehen sie nach ihrer Logik folgenden Schluss. Das zu unserem Vorläufer in jenem Glauben erwählte Volk, von dem der christliche nur die Vervollkommnung ist, verbrannte seine Leichen; warum sollten also wir, seine Nachkommen, sie nicht verbrennen? Sie fügen hinzu: Die Verbrennung musste von Gott gutgeheissen worden sein; denn er hatte sie seinem Volke nicht verboten. Wir werden uns nicht damit aufhalten, diese scheinbare Beweisführung zu widerlegen; es ist nicht der Mühe wert. Nur eines wollen wir bemerken. Ist es thatsächlich und geschichtlich wahr, dass die Hebräer ihre Leichen verbrannten? Geht aus der richtigen und gewissenhaften Erforschung der Geschichte hervor, dass Obiges gar nicht wahr, dass vielmehr das Gegenteil der Fall gewesen: aus welchem Grunde hätte dann das Gesetz eine Handlungsweise, einen Gebrauch verboten, der gar nicht in den Gewohnheiten des Volkes lag? Dieses Verbot wäre unnütz und lächerlich gewesen, wie wenn ein Gesetz uns civilisierten Europäern eine Sitte der amerikanischen Rothäute verböte. Das Verbot Gottes war nicht vorhanden aus dem einzigen Grunde, dass es nicht notwendig war.

Aber die Krematisten sind ihrer Sache auch bei weitem nicht sicher. Viele aus ihnen behaupten, dass dieser Gebrauch bestanden habe; einige, wie Biondelli, widersprechen ihnen und sagen, dass die herumziehenden Hebräer sich demselben vielleicht anbequemten, wo sie ihn antrafen. Andere sagen, derselbe sei bloss zur Zeit der Könige bis zur Rückkehr aus der babylonischen Gefangenschaft im Schwang gewesen, dann sei er verboten worden; und sie erhärten dies durch das Zeugnis des Talmud. Noch andere behaupten, man habe die Leiber der Heerführer und der Könige verbrannt. Lieball dagegen und einige andere sagen, der allgemeine Gebrauch der Kremation sei unmöglich gewesen, da das Land Kanaan öde war und daselbst Holzmangel herrschte, und so sagt jeder seine Meinung. Nur Alexandre Bonneau geht ernsthaft in die Frage ein, indem er sagt, dass es sich darum handle zu wissen, ob das mosaische Gesetz, das inspirierte Gesetz, die Kremation gestattet habe, oder nicht. Und Bonneau scheut sich nicht zu behaupten, dass es dieselbe gestattete, und räsonniert also. Die Hebräer übten die Kremation aus, weil dieselbe von den Völkern der arianischen Rasse angewendet wurde, die sich vom Tigris und Euphrat bis nach Kleinasien ausbreiteten. Nun kamen die Hebräer aus Armenien, dessen Grenznachbarn die Kremation ausübten. In Ägypten wurden die Hebräer von eingefallenen Königen indo-europäischer Rasse beherrscht. Das durch Josue eroberte Land Kanaan besetzte ein Stamm arianischer Rasse; daher musste den Hebräern der Gebrauch der Kremation bekannt sein. Und er fügt hinzu: Weshalb hat Moses, der die Sitten und Gebräuche, welche auf das Volk einen schädlichen Einfluss ausüben konnten, so heftig bekämpfte, die Kremation nicht verboten? Und nun schliesst hieraus unser Kremationsfreund: Moses behandelte also die Beerdigung, die Einbalsamierung und die Verbrennung mindestens als gleich. Und nun stützen sich die Krematisten auf die Auktorität der Bibel, die dieses Gebrauches in den Paralipomena erwähnt XVI. 14. XXI. 19. im II. Buche; in Isaias XXX. 33.; in Jeremias XXXIV. 3; und in Amos VI. 9. 10. Von diesen Einäscherungen beziehen sich vier auf Leiber von Königen, einer aber auf das Volk. Daraus folgerten sie, dass dieselbe nur bei Königen gebräuchlich war. Es ist möglich, setzen sie hinzu, dass die Leiber des Volkes im Thale Josaphat verbrannt wurden, welcher Name in arianischer Sprache Verbrennungsstätte heisst. In der Sklaverei gaben die Hebräer den Gebrauch auf und kehrten auch nicht mehr zu demselben zurück, als sie befreit waren. Soviel behaupten, leugnen und beweisen die Krematisten. Wir aber schöpfen aus all diesen Behauptungen, Negierungen und Beweisen eine grosse Wahrheit, die gar keines Beweises bedarf, nämlich dass im Lager unserer Gegner Verwirrung, Unordnung und Unsicherheit herrscht. Öffnen auch wir die Bibel, die schon als blosses Geschichtsbuch der Hebräer eine Auktorität besitzt, welche allen nicht auf Thatsachen, sondern einfach auf Mutmassungen und Phantastereien gestützten Induktionen und Meinungen weitaus überlegen ist.

Der Genesis entnehmen wir, dass bei dem Volke Gottes die Beerdigung, nicht aber die Verbrennung üblich war.

Und in der That, da Sarah im Lande Kanaan
gestorben war, wandte sich Abraham, nachdem er sie
beweint hatte, surrexisset ab officio funeris[1] an die
Söhne des Heth und sprach zu ihnen: Ich bin ein
Fremder und Einwohner bei euch; gebet mir ein Erb-
begräbnis bei euch, dass ich meinen Toten begrabe.
Advena sum, et peregrinus apud vos; date mihi jus
sepulcri vobiscum, ut sepeliam mortuum meum.[2] Und
sie antworteten ihm, er möge ihn begraben, wo er lieber
wolle, da es niemand gebe, der ihm verbieten könnte,
seinen Toten in seinem Grabmale zu beerdigen: Audi
nos, domine: Princeps Dei es apud nos, in electis se-
pulcris nostris, sepeli mortuum tuum; nullusque pro-
hibere poterit, quin in monumento ejus sepelias mortuum tuum.[3]
Es wird daraus ganz klar, dass man schon zu
jener Zeit die Toten begrub und dass es ausgewählte
Gräber und Monumente gab. Hierauf kaufte Abraham
eine zwiefache Höhle, eine Grabstätte daraus zu machen,
indem er den Grund mit vierhundert Seckel Silbers be-
zahlte, die nach der Berechnung des Gelehrten Calmet
dreiundfünfzigeinhalb Zechinen ausmachen, wenn man
den Silberseckel zu zweiunddreissig französischen sous,
sechs deniers berechnet.
Jakob lässt den Joseph schwören, ihn zu begraben:
in sepulcro quod fodi mihi. Josue wird begraben;[4]
Eleazar auch;[5] Gideon ebenfalls;[6] David wird begraben
in civitate David;[7] ebenso Salomo, Roboam. Im
zweiten Buche der Makkabäer Vers 70 lesen wir, dass
Simon die Gräber der Könige und Propheten schmückte,
und noch heutzutage bewundert man ihre Gräber und
jenes der Rachel. Doch hiervon später.
Ohne viel weiter Citate anzuführen, deren man
übrigens, wenn ich mich in der Zahl nicht irre, der
Bibel bis zu zweihundertneunundsechzig entnehmen
könnte, in denen von Grab und Beerdigung die Rede
ist, abgesehen von jenen, die einen mystischen und
übertragenen Sinn haben; ist es, scheint mir, hin-

---

[1] Gen. XXIII, 3.
[2] Gen. XXIII, 4.
[3] Jos. XXIV, 30.
[4] Jos. XXIV. 35.
[5] Jos. XXIV, 35.
[6] Jud. VIII, 23.
[7] Reg. III, 11.

reichend bewiesen, dass beim hebräischen Volke die
Beerdigung gebräuchlich war und dass man die Leichen
begrub, nachdem man sie wie die ägyptischen Mumien
gewickelt und mit Gewürzen bestreut hatte. Nur verbrannte man zuweilen Gewürze auf dem toten Körper,
aus welcher Thatsache durch eigentümlich boshafte
Verdrehung seitens der Krematisten und Freimaurer
die Behauptung hervorging, dass bei den Hebräern die
Leichen verbrannt worden seien. In den Paralipomena
liest man von Asa: sepelierunt in sepulcro suo, po-
sueruntque eum super lectum suum plenum aromatibus
et unguentis et combusserunt super eum ambitione
magna.[1]) Und von der Verbrennung haben wir ein
Beispiel in den Überresten von Sauls Leib, der sich
selbst tötete, und in seinen Söhnen, deren Leiber von
den Philistern in Stücke gehauen und auf den Gipfeln
des Gelboe zurückgelassen wurden; und als sie zerfallen
waren, wurde das faulende Fleisch verbrannt, die Gebeine aber wurden aufbewahrt, und es ward ihnen die
Ehre der Beerdigung zu teil seitens der Einwohner von
Jabes Galaad: Tulerunt ossa eorum et sepelierunt.[2])
Wir sehen vielmehr, wie die Verweigerung des
Begräbnisses als furchtbares Gericht für die Übertreter
des göttlichen Gesetzes erscheint. Moses donnert sie
im Deuteronomium an: sitque cadaver tuum in escam
cunctis volatilibus coeli et bestiis terrae.[3]) Und David
droht den Philistern mit Entziehung des Begräbnisses,
indem er zu ihnen spricht: et dabo cadavera castrorum
Philisthiim hodie volatilibus coeli et bestiis terrae, ut
sciat omnis terra, quia est Deus in Israel.[4]) Der Herr
droht dem ungehorsamen Propheten, der bei Jeroboam
war, durch den Mund eines Gottesmannes zur Strafe
seines Ungehorsams: non inferetur cadaver tuum in
sepulcrum patrum tuorum.[5]) Bezüglich der Beerdigung
der Leichen ihrer religiösen Tradition folgend, bestätig-
ten die modernen Israeliten von neuem ihren Abscheu
vor der Kremation. Vor nicht langer Zeit wandte sich
die israelitische Gemeinde zu Livorno, eine der ansehn-
lichsten in Italien, an den Rabbinerrat zu Turin, um

---

[1]) Paral. XVI, 14.
[2]) I. Regum 21.
[3]) Deut. XXVIII, 26.
[4]) I. Regum. XVII, 46.
[5]) III. Regum. XIII, 22.

zu erfahren, ob es den Israeliten erlaubt sei, die Verbrennung der Leichen vorzunehmen. Der Rabbinerrat zu Turin erwiderte, dass es nicht nur dem göttlichen Gesetze zuwider sei, die Verbrennung der Leichen vorzunehmen, sondern dass es den Israeliten auch unerlaubt sei, einer Kremationsceremonie beizuwohnen. Und Herr S. H. Goldschmidt, Grossrabbiner von Frankreich und Präsident der Allgemeinen israelitischen Allianz, verbot im Namen und Auftrage besagter Allianz im Jahre 1885 allen guten Israeliten, die hebräischen Leichen zu verbrennen. Wenn die Kremationsfreunde für ihre barbarische und unmenschliche Theorie eine Stütze suchen, mögen sie nicht mehr weder zur antiken noch zur modernen Synagoge ihre Zuflucht nehmen, da sie von derselben verstossen und als gottlos gebrandmarkt werden.

Dem Rabbinerrate zu Turin war der Oberrat der protestantischen Kirche in Preussen vorhergegangen, der eine Bestimmung erliess, durch welche dem ganzen protestantischen Klerus untersagt wird, jenen die religiösen Ceremonien zu gewähren, welche die Kremation der Beerdigung vorziehen.

Diese Verordnung muss als ein schwerer Tadel der evangelischen Pastoren in Gotha angesehen werden, die in grossem Pompe der Verbrennung ihres Generalsuperintendenten Dr. Schwarzt beiwohnten. Und das lässt sich noch auf andere anwenden.

Im Mailänder Journale La Lega Lombarda vom 25.—26. Februar des Jahres 1888 lesen wir folgende beachtenswerte Notiz: »Die hohe sächsische Diätenkammer hat die Petition einer Gesellschaft von Freidenkern zurückgewiesen, die um Erlaubnis ansuchten, sich verbrennen zu lassen. Der Titularbischof Monsignor Bernet, apostolischer Vikar von Sachsen, erinnerte in einer Rede daran, dass den Katholiken der Gebrauch der Kremation verboten sei. Der Präsident des obersten Lutherischen Konsistoriums, Kolschutter, erklärte, das Konsistorium habe in einem Rundschreiben die Pastoren darauf aufmerksam gemacht, dass sie weder verpflichtet noch berechtigt seien, einem Kremationsakte beizuwohnen.«

Um zu bezeugen, dass die Beerdigung auch bei anderen antiken Völkern im Gebrauche war, genüge es, einen Blick auf die cyklopischen Grabmonumente

3*

in Mycenae zu werfen, woselbst sich, nach Pausanias, das Grab des Atreus und aller jener Heerführer befindet, die Agamemmnon aus dem trojanischen Kriege zurückführte und welche Ägisthos bei einem Gastmahle töten liess, zu dem er sie versammelt hatte. Die etruskischen Gräber, die in den zwölf Städten Mitteletruriens anzutreffen, sind, da bekanntlich die Etrusker Verbindungen von zwölf Städten gründeten, capita gentis o duodecim Etruriae populi, erhärten mit unauslöschlichen Zügen die Richtigkeit unserer Behauptung.

Im campanischen und in Mitteletrurien mehr als im Norden finden sich in grösserer Anzahl, wie zu Tarquinia, Volterra, Chiusi, dem alten Clusium, Vulci, Cerveteri, Gubbio, Toscanella, Norcia, Castel d'Asso, Perugia, Cortona, jene Grabkammern vor, welche Gebeine, den augenscheinlichen Beweis des Begräbnisses, enthalten.

Dagegen verbrannten nach der Aussage des gelehrten Bardetti die ersten Bewohner der Poebene die Toten nebst ihren Lieblingsgeräten.[1]) Und vor ihm hatte es Caesar behauptet: omniaque, quae vivis cordi fuisse arbitrantur, in ignem conferunt;[2]) und Tacitus: struem rogi nec vestibus, nec odoribus cumulant; sua cuique arma; quorundam igni et equus adiicitur.[3])

Wenden wir den Blick nach Rom, der grossen Lenkerin und Königin der Civilisation sowie der heidnischen Pracht und Verderbnis, wo sich zur Zeit des höchsten Glanzes und der grössten Sittenlosigkeit die mächtigen Scheiterhaufen türmten. Blicken wir auf die alten, starken Quiriten, von denen die Besieger der Welt abstammten, und wir finden, dass omnes homines in suis domibus sepeliebantur; dass die Leichenverbrennung zu des Plinius Zeiten keineswegs ein alter Brauch war und dass sie angenommen wurde, um die Beschimpfung der irdischen Hülle in fernen Ländern verstorbener Römer zu vermeiden, welche aus diesem Grunde in Asche verwandelt und in das Vaterland übertragen wurden. Das erste Beispiel hiervon gab Lucius Cornelius Sulla, der verbrannt werden wollte,

---

[1]) Bardetti. — Dei primi abilatori dell'Italia. Parte II, Capo VIII, Art. II, pag. 261.
[2]) Caesar. — De Bello Gallico cap. 19.
[3]) Tacitus. — De mor. Germ. cap. 27.

um seinem Leibe den Schimpf zu ersparen, den er jenem des Marius angethan, indem er ihn hatte ausgraben und in den Teverone werfen lassen: Ipsum cremare apud romanos non fuit veteris instituti; terra condebantur. Atque postquam longinquis bellis obrutos erui cognoverant, tunc institutum . . . nemo ante Syllam dictatorem traditur esse crematus, idque eum voluisse veritum talionem, eruto C. Marii cadavere.[1]) Die Römer glaubten, dass die Seelen der Unbeerdigten hundert Jahre auf den Ufern des Styx herumirrten, weshalb ihre Gesetze befahlen, dass: ubi corpus demortui hominis condas sacer esto. Der Ort, wo ein Leichnam begraben war, wurde schon durch diese einzige Thatsache geheiligt, während ein Ort, wo ein Körper verbrannt ward, nicht heilig wurde, wie Cicero bezeugt: Locus ille, ubi crematum est corpus, nihil habet religionis. Iniecta gleba tumulus et humatus est, et gleba vocatur ac tum denique multa religiosa iura complectitur.[2]) Und wenn sie die Leiber begruben, gebrauchten sie, nach der Aussage des Plinius, einen gewissen Sargstein, aus dem sie die Bahren gruben, einen Stein, der die Eigentümlichkeit besass, die Leichen im Zeitraume von vierzig Tagen in Staub zu verwandeln, weshalb sie dem Grabe den Namen Sarkophag beilegten, von σάρξ, Fleisch, und von φήγω, fressen oder Fleischfresser. In Asso Troadis sarcophagus lapis fossili vena scinditur. Corpora defunctorum condita in eo absumi constat intra quadragesimum diem, exceptis dentibus.[3]) Die Römer aber hatten verschiedene Arten von Gräbern. Da gab es das sepulcrum familiae, das eine einzige Familie aufnahm, da es errichtet war sibique familiaeque suae. Auch gab es das sepulcrum commune, das mehrere Familien aufnahm. Erbliche Gräber waren jene, quae sibi haeredibusque suis oder quae pater familias jure haereditario acquisivit. Aber wenn das Grab für bestimmte Personen dienen sollte, pflegte man auf dasselbe die Buchstaben H. M. H. N. S. d. h.: Hoc monumentum haeredes non sequitur, oder man setzte statt der drei letzten Buchstaben A. H. N. T. d. h.: ad haeredes non transit.

---

[1]) Plin. d. ält. Hist. lib. XII, c. LIV.
[2]) Cicero De legibus lib. 11
[3]) Plinius Hist. lib. 36, cap. 17.

Sextertium nannte man jenen Ort ausserhalb der Mauern, wo man die zum Tode verurteilten oder ehrlosen Personen begrub. Ausserhalb der porta Esquilina, wo die Hinrichtungen der Übelthäter vorgenommen wurden, wo man die Armen und die Hunde begrub; dahin hätte Herr Eduard Staudigl geworfen werden wollen, und ebenso gut hätte man Jordan Bruno dahin werfen können, den Apostel des Evolutionismus oder der menschlichen Tierheit. Ein alter Scholiast des Horaz nennt jenen Ort das sessorium, von dem auch Plutarch spricht. Er sagt folgendes: Esquilina porta Romae dicitur ad sessorium ubi certus erat locus sepulcrorum ad corpora pauperum aut sceleratorum viliumque comburenda, aut canibus projicienda. — (Scholiast. ed. a Cruquio ad Horat. Epod. 5. cf. ad Sat. 1. 8.) Und noch heute trägt die Basilika von s. Croce in Gerusalemme nächst dem campo Esquilino den Namen Sessoriana.

Ausserdem begrub man stets die kleinen Kinder, auch als die Kremation in die Mode gekommen war, wie auch die Leiber jener, die vom Blitze getroffen waren. Hominem ita exanimatum cremari fas non est; condi terra religio tradit.[1]) Gewöhnlich errichtete man neben den Gräbern Altäre für die Opfer, um die Manen der Verstorbenen zu entsühnen. Und man kann sagen, dass bei den Beherrschern der Welt die Verstorbenen einen geheiligten Dienst, einen besonderen Kultus erfuhren, den die Gesetze der zwölf Tafeln sanktionierten; denn daselbst hatten sie die Rechte der Manen niedergeschrieben, wie man die Toten gewöhnlich nannte. Hier ist der Text dieses Gesetzes, den uns Cicero bewahrt hat: Deorum Manium iura sancta sunto: hos leto datos divos habento; sumptum in illos luctumque minunto. Die Rechte der göttlichen Manen seien heilig; diese dem Tode Geschenkten sollen als Götter betrachtet werden. Der Aufwand für dieselben und die Trauer mögen abnehmen. Und derselbe Cicero sagt im Buche De Legibus, dass die Toten unter die Götter gerechnet werden sollen. Nach dem gelehrten Fustel ging der Totenkultus dem des Zeus vorauf.

Wenn die Gesetze die Rechte der Toten als heilig bezeichneten, so war es natürlich, dass sie sich zu

---

[1]) Plinius Hist. lib. 11, cap. 55.

ihrem Schutze mit Bestimmungen gegen diejenigen erhoben, die sich erkühnen würden, diese Rechte anzu-
greifen. Es entstand deshalb wie von selbst in der
römischen Jurisprudenz das Recht des violato sepulcro,
das wir hier flüchtig andeuten wollen, sowohl um das
von uns skizzierte, unausgeführte Bild zu vervollstän-
digen, als auch um zu zeigen, wie der Mensch einfach
als solcher schon bloss im Lichte der Vernunft die
Würde jenes Leibes hochachtet, der einst das Behältnis
seiner unsterblichen Seele gewesen.

Eigene Gesetze weihten die Gräber und umgaben
dieselben mit Ehrfurcht und Unverletzlichkeit. Im Corpus Juris Buch XLVII Kapitel XII und XIX ist die Rede
de violato sepulcro. In dem ersten wird die Ehrlosigkeit als Folge der Entehrung eines Grabes angedroht
ausser anderen Strafen für diejenigen, welche Leichname,
Knochenbehälter oder Gräber beschädigen würden. Aus
dieser verbrecherischen That ging die sepulchri violati
actio hervor. Es ist dabei zu bemerken, dass die Entweihung eines Grabes auch durch die einfache Thatsache stattfinden konnte, dass jemand einen Leichnam
in einem Grabe beerdigte, in das die geheimnisvollen
Buchstaben H. M. H. S. nicht eingegraben waren, d. i.
wie weiter oben erklärt worden, hoc monumentum
haeredes sequitur. In dem XIX. Kapitel wird jener
Sklave zu den Bergwerken verurteilt, der bei Zerstörung eines Grabes auf frischer That ertappt wurde;
und zur Relegation wurde er verurteilt, deportatio et
relegatio, wenn er es auf Befehl seines Herrn that.
Und wer immer die Gräber entweiht hatte, domus defunctorum, indem er Steine oder Säulen hinweggenommen, um dieselben zum Bauen zu verwenden, wurde
mit einer grossen Geldstrafe belegt, und der Richter
wurde mit fünfundzwanzig Pfund Goldes bestraft, wenn
er unterlassen hatte, dem Delinquenten die Strafe auf-
zuerlegen, dem nach dem antiken Gesetze die Strafe
für das Sakrilegium gebührte. Es war bei Strafe von
fünfzig Pfund verboten, unter dem Vorwande einer
Schuld das Begräbnis eines Verstorbenen zu verhindern,
und wer diese Summe nicht besass, musste mit seiner
Person bezahlen. Wer ein Begräbnis störte, verfiel der
Ehrlosigkeit und verlor den dritten Teil seiner Güter.
Der Rechtsgelehrte Paulus behandelte in dem Gesetze
de iniuriis die Thatsache, dass jemand die Bildsäule
eines Verstorbenen gesteinigt hätte, und schlug dafür

die Strafe vor, dass die Bildsäule des Steinigers durch die Wut des Volkes saxis caesa fuisset. Doch auch dieses genügte noch nicht. Für die Entweiher der Gräber gab es ausserdem die damnatio ad metallum, deren wir erwähnten, die manus amputatio, das exilium und sogar die mors.

Auch noch andere Gesetze und andere Rechtsgelehrte beschäftigten sich mit dieser Entweihung. Wir erinnern ganz kurz an Ulpianus, in lege III; Dioclezianus, in lege mortuorum Cod. de religiosis et sumtibus funerum; Theodosius den Jüngeren, Anno CCCLXXXI in lege VI, an den Codex Theodosianus u. s. w.

Die Kremation kam in die Mode und verbreitete sich von Griechenland nach Rom, wo Sulla mit seinem Beispiele voranging. Die Scheiterhaufen erhoben sich ähnlich wie Altäre aus Stössen mehr oder minder kostbaren Holzes je nach dem Geschlechtsnamen und dem Range des Toten in einer Entfernung von sechzig Fuss von jeglichem Gebäude, in einer Gegend, wo es Cypressen gab, um die Verbreitung der von der Verbrennung herrührenden Dünste zu verhindern. Auf den Scheiterhaufen setzte man den Toten, der auf einem Lager ruhte, es wurden demselben die Augen geöffnet, und der nächste Verwandte entzündete mit rückwärtsgewandtem Haupte den Scheiterhaufen. Die Gebeine wurden nicht verbrannt; man sammelte dieselben, wusch sie in Wein und Milch, trocknete sie mit einem Leinentuche und that sie in eine Urne aus Marmor, Bronze, öfters aus Thon oder Glas, wie man deren in Pompeji fand, und verschloss sie in dem Grabe.

Aus den bisherigen Auseinandersetzungen geht hervor, dass in Rom sowohl die Kremation als die Beerdigung gebräuchlich war, dass aber die erstere nur infolge eigentümlicher Umstände sowie aus Ehrfurcht für die in ferneren Ländern Verstorbenen Eingang fand und dass sie dann zur Zeit der moralischen Verderbnis des Volkes zur Luxusmode ward. Und nun verbleiben uns als charakteristisches Zeichen der verschwundenen römischen Grösse nur die Gräber einiger jener stolzen Weltbeherrscher und sogar niedriger Freigelassener.

Dort in der düsteren römischen Campagna heben sich von dem dürren Gehölze jene marmornen Mausoleen ab, die in trauriger Weise die Nähe der ewigen Stadt ankündigen; das Grab der Plautinischen Familie an der via Tiburtina, das des Freigelassenen Neros,

das Grab des Vergilius Eurgsaces oder des Brotbäckers
an der via Flaminia, die Gräber der Scipionen nächst
dem Bogen des Drusus an der via Appia, die Mausoleen der Priscilla und des Servius, jenes der Freigelassenen der Livia, das der Caecilia Metella, nicht weit
vom Circus des Caracalla die ernste, einsame Pyramide
des Cestius; sie alle erfüllen unser Gemüt mit tiefer
Trauer über einen grossen, ruhmgekrönten Tod in
seiner Verderbnis. Nur der Bau des Hadrian in den
Gärten des Domitianus, den die Päpste zur Engelsburg
umgewandelt haben, erhebt unsere Seele zu weniger
trüben Hoffnungen, wenn wir den Erzengel erblicken,
der sie beherrscht und mit gezücktem Stahle die Feinde
der Kirche Gottes bedroht. Alles übrige redet zu uns
die Sprache der Grüfte, die uns die Eitelkeit menschlichen Prunkes zeigt.

Auch in dem gebildeten Griechenland, der Wiege
des Genies, der geistigen Heimat Roms, war zuerst die
Beerdigung im Gebrauche, und man begrub die Toten,
wie wir dies bei den Römern gesehen, in ihren eigenen
Wohnungen. Zu Theben gab es sogar ein Gesetz,
welches verbot, neue Häuser zu bauen, wenn dieselben
nicht einen eigenen Raum enthielten, der für das Begräbnis ihrer Eigentümer bestimmt war. Und es galt
in Griechenland als günstig für den Verstorbenen, wenn
man ihn in den Sarg mit den Füssen nach unten legte.
Zu Athen musste der Tote mit nach Osten gewandtem
Antlitze begraben werden, während man ihn zu Megara
mit nach Westen gewendetem Gesichte beerdigte. Hier
nahm ein Grab bis zu vier Toten auf. Hingegen in
Athen und anderen Gegenden Griechenlands hatte jeder
sein eigenes Grab.¹) Es gab jedoch Gräber, die beide
Leichen derjenigen aufnahmen, die sich während des
Lebens geliebt hatten, und das geschah, wie Ovid sagt,
um jene im Tode nicht zu trennen, die bei Lebzeiten
vereint gewesen waren. Die Helden begrub man auf
dem Forum, so Themistocles auf jenem zu Magnesia,
Euphron auf dem zu Korinth. Man begrub auch in
den Tempeln und endlich längs den Strassen ausserhalb der Stadt. Cicero behauptet in seinem mehrfach

---

¹) Ovid. Metamorph. Buch II, Vers 702, B. 4, V. 154.
Siehe auch Robison, aus dem Englischen übersetzt: Antiquités
Grecques, tableau de mœurs, usages et institutions des Grecs.
Vol. 2, livre VIII, Chap. VI, page 221. Paris, Verdière 1822.

citierten Buche De legibus, dass die Sitte der Beerdigung noch unter des Cekrops[1]) Regierung im Schwange
gewesen, und vor ihm hatte es Homer im ersten Buche
seiner Iliade ausgesprochen. Es war zur Zeit des trojanischen Krieges, als der Scheiterhaufen eingeführt
wurde, und man nannte denselben πυραι.[2])

Auch in Griechenland vermeinte man, dass die
Schatten ruhelos auf den Ufern des Styx umherirrten,
wenn ihre Leiber ohne Begräbnis blieben, und Horaz
singt:

> Naut. Te maris et terrae, numeroque carentis arenae
> Mensorem cohibent, Archyta,
> Pulveris exigui prope litus parva Matinum
> Munera:[3])

Und da es ein Gesetz gab, welches — im Gegensatze zum römischen Gesetze — bestimmte, dass dem
Verstorbenen, der seine Schulden nicht bezahlt hätte,
das Begräbnis verweigert würde, bis von seinem Erben
die Schulden getilgt worden; liest man, dass sich
Kimon, der Sohn des Miltiades, erbot, im Schuldge-
fängnisse zu verbleiben, um seinen Vater loszukaufen
und für dessen Leichnam die Ehre des Begräbnisses
zu erwerben. So sehr lag ihm daran, dem Schatten
des Vaters Beruhigung zu verschaffen, und solch hohen
Wert legte man in Griechenland auf die Ehre des Begräbnisses. Es war dies eine Ehre, die den öffentlichen
und den persönlichen Feinden, den Staatsverrätern und
Verschwörern, den Tyrannen, die man als Feinde des
Vaterlandes betrachtete, sowie den Selbstmördern verweigert wurde, insofern man auch sie als Verräter und
Fahnenflüchtige in Bezug auf den Dienst betrachtete,
den sie als Lebende schuldeten; aber auch den Gottes-
räubern, die geweihte Dinge verletzten, den Verschwen-
dern des väterlichen Erbteiles u. s. w. O, lebten wir
zu den Zeiten Solons und Licurgs, Italien wäre besäet
mit unbegrabenen Leichen!!!

Als unverletzlich galten zu Creta die καταχαύται,
Beamte, welche die Begräbnisse anführten und regelten
und gleich den Priestern geachtet wurden; ebenso in
Athen die δημάρχοι oder Beamte, welche die Begräbnisse der Sklaven überwachten. Die Verstorbenen

[1]) Cicero De legibus lib. 2, cap. 23.
[2]) Homers Iliade 1, V. 52, lib. 23, v. 164, lib. 24, v. 786
[3]) Horaz lib. 1, Ode XXVIII.

standen in so hohem Ansehen, dass, wer von ihnen
Übles redete oder sie nicht gerächt hatte, als ehrlos
galt und gemäss der Solonischen Gesetze streng bestraft wurde. Die schrecklichste Verwünschung, die
man auf einen schleudern konnte, war: ἄταφος ἐκπίπτειν
χθόνος oder: mögest du ohne Begräbnis sterben! Es
galt als ein grösseres Unglück als der Tod selbst, an
Bord eines Schiffes auf dem Meere zu sterben, denn
alsdann verschwand die Leiche in den Fluten.

Doch setzen wir unsere traurige, mühevolle Reise
durch die Grabstätten der Erde fort.

Da erhebt sich die Tourmagnes zu Nimes, das
Mausoleum von Saint-Rémy, die Pierre de Couhard zu
Autun, die Agulie zu Vienne a. d. Isère oder tombe
de Pilate, das Grab der Scipionen bei Tarragona in
Catalonien, jenes von Gandia und von Villa-Joyosa im
Königreiche Valencia, von Zamelea in Estremadura, die
Torre di Breny bei Manresa: lauter Trophäen des
Todes, lauter Grabhügel, die der Tod, der besiegte Be-
herrscher der Welt, auf dem Antlitze Europas als gross-
artige Spuren zurückliess, um den gefrässigen Flügel
der Zeit herauszufordern.

Wie schon angedeutet, befinden sich in Palästina
die Gräber der Hebräer und die Grüfte der Könige
Judäas, die ein Labyrinth bilden, ähnlich jenem höchst
merkwürdigen, das sich in Ägypten vorfand, dem Lande
der Gräber und der Mumien, wo man sozusagen das
Zerstörungswerk des Todes herausforderte; brachte man
es daselbst doch zu einer merkwürdigen Erhaltung der
Leiber und erbaute man doch dort jene Monumente,
die sich den Überschwemmungen gegenüber als uner-
schütterlich erwiesen und die fernsten Jahrhunderte mit
Wehmut erfüllten. Die Gräber der Patriarchen grenzen
an jenen Teil von Jerusalem, wo sich der Tempel Salo-
monis erhob. Die mutmasslichen Gräber der Richter und
zu Saida, dem alten Sidon, die Gräber der Könige beweisen uns in hundertjährigen, marmornen Zügen, dass
im antiken Oriente das Moment der Beerdigung den An-
stoss zur Errichtung solch monumentaler Kolosse gegeben.

In Syrien begrub man die Toten in Bruchstein-
höhlen. Zu Baalbeck, dem alten Heliopolis, der Stadt
des Sonnengottes, nahmen ungeheure unterirdische
Gänge die irdischen Hüllen der Einwohner auf. Zu
Palmyra begrub man die Leichen längs der Strasse,
die nach Norden führt, in Gräbern, welche Türmen

mit Stockwerken glichen. In Arabien, dem Lande der
Wohlgerüche, der feenhaften Träume, des kriegerischen
falschen Propheten, eine Meile nördlich von Djida, zeigt
man das Grab der Eva, der Stammmutter des Menschen-
geschlechtes; es ist dem Grabe des Noah sehr ähnlich,
das in Syrien im Thalgrunde von Bekaa zu sehen ist.
Niebuhr entdeckte im Jahre 1761 eine grosse Vereinigung von Gräbern, die der ägyptischen Civilisation an-
gehören; es sind dies die Gräber von Sarbout-el-Cadem.
In allen diesen Monumenten ist die eigentliche Grabkammer erhalten. Einige dieser Kammern sind äusserst
geräumig und können nach der Aussage eines gelehrten Reisenden, den Breton citiert, die Pferde eines
ganzen arabischen Stammes aufnehmen.

In der Gegend des hunderttürmigen Babylon, der
Residenz der Semiramis, wunderschön gegen Bagdad
gelegen, erhebt sich inmitten eines geräumigen Friedhofes das Mausoleum der Zoböis, der berühmten Ge-
mahlin des Kalifen Harun al Raschid. Muiellibé,
welches Della Valle irrtümlich für den Baalsturm hielt,
war ein antikes Mausoleum, in dem man eine Bronze-
pike, einige lackierte Thongefässe und menschliche
Gebeine fand. Rich entdeckte in demselben einen
Holzsarg und darin ein vollständiges Skelett. Ein
scheibenförmiger Stein diente diesem als Kissen, und
um den Arm war ein Bronzeschmuck befestigt; in geringer Entfernung davon lag das Skelett eines Kindes
und ausserhalb des Sarges ein Vogel aus Metall. Rich
entdeckte auch viele Aschenkrüge nächst dem Fluss-
ufer und darin Asche und Knochenbruchstücke; und
indem er diese Überbleibsel mit den im Muiellibé gefundenen Skeletten verglich, bemerkte er scharfsinnig,
dass man aus der verschiedenen Art des Begräbnisses
auf die Nation schliessen könne, der die hier beige-
setzten Leichen angehörten. Es ist kein Grund zu
glauben, fährt er fort, dass die Babylonier ihre Leichen
verbrannten, und er schliesst daraus, dass die im Muiellibé gefundenen Skelette als Überbleibsel der alten
Babylonier zu betrachten seien und dass die am Fluss-
ufer ausgegrabenen Aschenkrüge Asche von Alexanders
Soldaten enthielten.[1])

---

[1]) Breton, Monumenti qiù ragguardevoli di tutti i popoli
descritti ed effigiati secondo i più autentici documenti. Vol. 1,
p. 259, 260.

Die griechischen Schriftsteller erzählen, dass die Perser die Leichen nicht zu verbrennen pflegten. In der That würde es den Gesetzen des Zoroaster zuwider gewesen sein, das heilige Element, das Feuer, den Ausfluss des Ormuzd selbst, durch die Berührung mit einer Leiche zu beflecken. Die Beerdigung war durch den bürgerlichen Brauch und durch das religiöse Gesetz vorgeschrieben. Doch stand die Wahl des Bodens, der die irdischen Hüllen der Perser aufnehmen sollte, nicht in der Macht der Privatpersonen; auch hier traten die religiösen Gesetze vermittelnd dazwischen und bestimmten den heimatlichen Boden, die heilige Erde, die jeden Menschen hervorgebracht hatte und zu welcher ein jeder zurückkehren musste. So tief wurzelte dieser Gruundsatz in den Gemütern jenes Volkes, dass wir sehen, wie Cambyses die irdischen Überreste seines Vaters Cyrus nach Pasargadae unweit Persepolis in Persien übertragen und Darius Nothus sein eigenes Grab bereiten lässt; und Alexander befiehlt aus Ehrfurcht vor den Sitten der Völker nach der Schlacht von Arbela, dass des Darius Leichnam in die Gruft seiner Väter überführt werde. Schenken wir der Überlieferung Gehör, so befände sich dort, wo Susa neben Schuster sich erhob, das Grab des Propheten Daniel.

Zu Kerman ad Hamadan, dem alten Ecbatana, sollen die Gräber der Esther und des Mardochäus sich befinden. Arrianus beschreibt uns das Grab des Cyrus zu Pasargadae, woselbst der Leib des Helden in einem Goldsarge ruhte; in der Nähe stand ein Thron mit goldenen Füssen, dessen Basis mit babylonischen Teppichen bedeckt war.

Es unterscheiden sich von den Persern durch die Form des Begräbnisses die Quebrer, welche die Leichen auf sehr hohen Türmen aussetzten, damit dieselben von den Raubvögeln verzehrt würden, und sie legten sie so über die Öffnung eines auf der Höhe des Turmes befindlichen Brunnens, dass die Gebeine, sobald sie völlig des Fleisches entblösst waren, hineinfielen.[1]

Höchst merkwürdig ist die Art der Behandlung der Leichen in Tibet. Sie wickeln daselbst den Toten

[1] Picard Bernard, Cérémonies et coutumes religieuses de tous les peuples du monde Vol. 1, page 57. — Breton op. cit. — Gorini, La purificazione dei morti, pag. 41 und bei anderen Schriftstellern.

zusammen, dass Kopf und Hände zwischen die Knie
kommen und bringen ihn in dieser Stellung in einen
Korbsack, den sie an einem Balken festbinden; dann,
nach einigen Tagen zerstücken sie den an eine steinerne
Säule festgebundenen Leichnam, zerhauen ihn in win-
zige Stückchen und lassen dieselben von Hunden verzehren. Diesen barbarischen Vorgang bezeichnen sie
als irdisches Begräbnis. Was nun die Knochen betrifft, so stossen sie dieselben in einem Mörser, vermengen sie mit geröstetem Mehl und formen daraus
kleine Kugeln, die sie ebenfalls den Hunden und Geiern
vorwerfen, und dies bezeichnen sie als himmlisches Begräbnis. Man glaubt, diese zwei Arten des Begräbnisses
seien von guter Vorbedeutung für die Seele des Verstorbenen. Aber den Armen ist die einfachste aller
Arten des Begräbnisses vorbehalten, nämlich das Wasser-
begräbnis, bei welchem ihre Leichen in die Flüsse geworfen werden. In einigen Gegenden von Tibet herrscht
die Gepflogenheit wie bei den Quebrern; man setzt die
Leichen den Geiern zum Frasse aus, indem man sie
auf die unbedeckte Fläche sehr hoher viereckiger Gebäude legt. Zuweilen werden die Leichen auch auf
dem Scheiterhaufen verbrannt, namentlich jene der
Lamas geringeren Grades. Dann wird die Asche in
kleine steinerne Bildsäulen gesammelt, die sie in den
Tempeln beisetzen.[1]) Derselbe Gebrauch herrscht auch
in Butan.

In den Kaisertümern Birman und Anam sowie im
Königreiche Siam ist die Verbrennung für die Reichen
gebräuchlich, während man die Armen wie in Tibet
ins Wasser wirft. Die Bewohner von Ceylon balsamieren den Leichnam ein, wenn der Tote von vor-
nehmer Herkunft ist, waschen ihn und füllen ihn mit
Pfeffer, dann legen sie ihn in einen Sarg, der aus
einem Baumstamme gegraben ist, und übergeben ihn
dem Feuer. Das Volk wird begraben. Die Peguaner
verbrennen ihre Leichen.

In China waschen sie den Leichnam, umwinden ihn
mit Leinwand oder Seide, wie man die kleinen Kinder mit
den Armen nach aussen wickelt, und legen ihn in einen
Sarg, den sie in einem Grabe von der Gestalt eines
griechischen Ω beisetzen. Die Chinesen verfertigen sich

) Breton op. cit. Vol. 1, pag. 199.

mit grosser Sorgfalt bei Lebzeiten die Särge, welche sie als Leichen aufnehmen sollen. Sie wählen zu dem Zwecke kostbare und unverwesliche Hölzer, und wenn sie den Sarg zusammengefügt haben, lackieren und vergolden sie ihn und bewahren ihn eifersüchtig in ihrem Hause. Ihre Friedhöfe liegen auf dem Lande zwischen Pinienwäldern, denn wehe der Stadt, die innerhalb ihrer Mauern einen Toten beherbergte. Mit grosser Sorgfalt wählen sie auch den Boden, der als Friedhof dienen soll. Sie befragen darüber ihre Bonzen, welche, da sie schlau sind, dabei ein prächtiges Geschäft machen und ihre Antworten sehr teuer verkaufen. In einigen Provinzen des himmlischen Reiches verbrennt man jedoch die Toten und verschliesst ihre Asche in Urnen.

In Japan erwartet die Grossen der Scheiterhaufe, und den Armen öffnet die gemeinsame Mutter Erde ihren Schoss. Die Friedhöfe liegen nach griechischer und römischer Sitte längs den Strassen, und zu einer bestimmten Zeit des Jahres, zum Feste der Laternen, das eine Art Allerseelentag vorstellt, verlassen die Japanesen die Stadt, um den Schatten ihrer Lieben entgegenzugehen, denen sie, wenn sie ihnen begegnet zu sein glauben, die herzlichsten Worte sagen. Gegenwärtig ist der Gebrauch der Kremation im Abnehmen begriffen; auch Reiche lassen sich beerdigen, und das Vorrecht der Verbrennung beschränkt sich auf die Bonzen.

In der eigentlichen Heimat der Kremation, in Indien, das nunmehr die Wiege der modernen Wissenschaft geworden, da man heutzutage nichts für gut hält, dem nicht etwas Indisches beigemengt ist, gilt es nach dem Indienkundigen De Gubernatis für das grösste Unglück, das einen Menschen treffen kann, wenn er unbeerdigt bleibt. Die achtzehnte Hymne an den Tod im zehnten Buche der Rigveda, schreibt der angeführte De Gubernatis, stellt uns ein Begräbnis des Vedenzeitalters vor Augen, sowie die sechzehnte Hymne desselben Buches uns einen Scheiterhaufen vorführt. So haben wir in den Vedenhymnen einen Beweis dafür, dass beide Gebräuche seit den ältesten Zeiten in Indien verbreitet waren. In der einen heisst es zärtlich: Erhebe dich, o Erde, verletze (ihn) nicht; sei ihm weich und lind wie eine Mutter mit ihrem Kleide; umhülle, Erde, den Sohn (X, 18, 11). Und in der anderen: O Feuer, brenne ihn nicht, verzehre (ihn) nicht, zerreisse nicht seine Haut, nicht seinen Leib (X, 16, 1).[1]) Die Asche wird in eine Urne gesammelt, diese mit Erde gefüllt und in einem Grabe beerdigt. So sehen wir die Verbrennung und die Beerdigung vereint. Derselbe De Gubernatis bemerkt, dass der Scheiterhaufe eine Ehre und ein Vorrecht der wohlhabenden Klassen war und den Armen die gewöhnliche Beerdigung vorbehalten blieb.[2]) Die prachtvollen indischen Mausoleen erheben sich zumeist über den Überresten der Sutties, jener unglücklichen Frauen, die lebendig auf den Gräbern ihrer Gatten verbrannt wurden. In Indien ist also die Kremation ein Privilegium, aber kein gewöhnlicher Brauch.

In Java bezeichnet gewöhnlich ein Erdhügel mit einem Holzgitter die Stelle, an der die Eingeborenen die Leichen beerdigen, um sie vor Misshandlungen durch wilde Tiere zu schützen. Zu Trangulan, bei den Ruinen von Modjopahit, erhebt sich das prachtvolle Mausoleum eines daselbst samt Gattin und Amme begrabenen Prinzen. Die Topen in Afghanistan, im Sanskrit stûpa genannt, entsprechen den Tumuli. Man findet in denselben Glas und andere afghanistanische Gegenstände nebst Knochen, woraus man folgert, dass daselbst seit dem Altertume die Beerdigung im Gebrauche war.

In Tonking wird das Reichste und Kostbarste aus dem Besitze des Verstorbenen auf sein Begräbnis verschwendet, so dass die Toten prunkhaft begraben werden. Auf den Molukken erheben sie zuerst ein fürchterliches Geschrei, um den Verblichenen ins Leben zurückzurufen, alsdann legen sie denselben in einen mit weisser Leinwand bedeckten Sarg, begraben ihn auf einem Friedhofe und zünden über der Grube die Nacht nach dem Begräbnisse eine Lampe in einer kleinen Hütte an.

Die türkischen Mohammedaner beerdigen mit grossem Prunke, nachdem sie ihre Toten gewaschen und in ein Schweisstuch ohne Naht gehüllt haben. Bei ihnen war niemals die Kremation im Gebrauche. Sie verlangen auch, dass ihre Friedhöfe offen stehen,

---

[1]) De Gubernatis. — Storia popolare degli usi funebri indo-europei, Cap. VII, pag. 91.
[2]) De Gubernatis op. cit. pag. 92.

denn sie sagen, die Ehrfurcht vor den Toten allein müsse denselben als Wache dienen.

Die Friedhöfe liegen immer in der Nähe der Städte. Nichts ist den Türken leichter zugänglich und vertrauter als die Grabeswohnung ihrer dahingeschiedenen Lieben. Weit berühmt ist der Friedhof von Skutari.

Im Lande der Mexikaner erbaut man für die Toten grossartige Monumente, die, wie Dupaix sagt, Altäre und Gräber vorstellten, zu deren Ersteigung eine hohe Leiter gebraucht wird. La graderia se hallaba practicada en el costado occidental par donde se subia para orar o para sacrificar.[1]) Die Mexikaner beerdigen ihre Toten, namentlich die grossen, und gebrauchen zuweilen auch die Kremation.

Die Peruaner balsamieren die Leiber der Dahingeschiedenen ein und legen dieselben in ein steinernes Grab; zuweilen lassen sie sie austrocknen. Die Karaiben begraben die Toten in einem Brunnen, der sich in einem Winkel der Hütte befindet. Die Völker am Orinoko bewahren die Skelette ihrer Angehörigen in ihren Hütten, mit Federn und Halsketten geschmückt. Die Völker von Neu-Granada begraben zusamt ihren Kaiken alles, was sie Kostbares besassen: die Kleider, die Waffen, die Sklaven. Das Volk thut dasselbe, und zuweilen wird die Gattin mit dem verstorbenen Gatten begraben. Auf Florida begräbt man die Priester in ihren Hütten, und diese werden dann samt der ganzen Habe des Verstorbenen verbrannt. Die Juidavölker beerdigen ihre Toten, und die Frauen, welche denselben das Geleite geben, schleudern einander Gefässe voll siedenden Wassers entgegen. Bei den Kaffern und Hottentotten ist die Beerdigung im Gebrauche. In Guinea verschliesst man die Toten in vier bis fünf Fuss tiefe Gräber. In Kanada häuft man die Toten in den Höhlen auf, und wenn ihrer eine gewisse Anzahl vorhanden, zündet man sie an. In Virginien wird das Fleisch der Toten abgelösst, und die Leichen werden an der Sonne getrocknet. Königsleichen werden in Hütten aus Bin-

---

[1]) Dupaix, op. cit. Vol. V, pag. 288. Und weiterhin schreibt er: Es de notar que de tantas obras de forma piramidal, qua observé pertenecientes a la antigüedad, nengunas se terminan con cuspides; siempre hacen plano orizontal los pisos que serian para la colocation des sus Dioses, y tambien para la des sus Aras sacrificales, pag. ibid. Dies beweist, dass die Gräber auch Altäre waren.

senmatten auf eben solchen Matten aufbewahrt, also in einer Weise begraben, dass sie nicht mit der Erde in Berührung kommen. In Senaar werden die Leichen auf öffentlichen Friedhöfen begraben, die als unverletzliche Orte in Ehren gehalten werden, so dass man auf das Grab eines Toten einen kostbaren Gegenstand legen mag, ohne dass jemand denselben auch nur zu berühren wagte. Sie waschen die Leichen sorgfältig und schmücken die Tumuli mit Edelsteinen. Der Leichnam wird in eine neue Binsenmatte gehüllt, in einen Sarg gelegt und zur Gruft getragen.[1])

Zu Tripolis, zu Grenneh, dem antiken Cyrene, finden sich alte Gräber vor, zu Massakhit, zu Tukrah Grabhöhlen. Die M'raaotk sind Priester, welche die Grabkapellen bewachen. Gewöhnlich hat jede Familie ihren eigenen mit einer Mauer umgebenen Friedhof, jedes Grab einen Leichenstein, auf dem geschrieben steht: Hada quoubeur el merh houm , oder el merhhomad, je nach dem Geschlechte des Toten und lautet: Dies ist das Grab des Toten N. N. aus der Familie M.

Bei den Niam-Niam, einem menschenfressenden Volke Afrikas, bei denen zuweilen Tote verspeist oder in Handel gebracht werden, schneidet sich derjenige, dem ein Verwandter gestorben ist, die Haare ab, die sein Stolz gewesen, und streut dieselben an einen wüsten Ort. Der Tote erhält gewöhnlich einen Federschmuck auf das Haupt und wird mit seinem schönsten Pelze bedeckt, der mit rotem Holzextrakte gefärbt ist, als ginge es zu einem Feste. War der Tote eine hohe Persönlichkeit, so setzen sie ihn im Grabe auf den Schemel„ der ihm im Leben diente, oder sie legen ihn in eine aus einem Baumstamme gezimmerte Bahre. Sie wenden das Antlitz toter Frauen nach Westen, das der Männer nach Osten. Die Erde lastet nicht auf dem Leichname. Eine Art Gallerie, die seitwärts in der Grube angebracht ist, nimmt den Leichnam auf und wird sodann mit einem dichten Flechtwerke bekleidet, das jede Berührung des Körpers mit der darauf geworfenen Erde verhindert. Über dem Grabe erheben sie eine Grabhütte, die den Hütten der Lebenden ähnlich ist, aber bald, sich selbst überlassen, zerfällt oder von den häufigen jährlichen Bränden zerstört wird.

---

[1]) Beltrame ab. Giov. Il Sennar e lo Sciangallah Vol. I, 191, 192.

Die Einwohner Brasiliens begraben ihre Toten auf Friedhöfen und bedecken die Gräber mit der einheimischen Pinduspflanze. Die Koreaner verbrennen die Leichen und werfen die Renntiere, welche den Toten zu demselben hingezogen haben, auf den Scheiterhaufen. Die Lappen begraben sie in Höhlen und verstopfen deren Eingang.

So wären wir denn an das Ende der düsteren Reise gelangt, die wir zwischen den Grabstätten aller Völker unternommen, und es ist dies die passende Zeit, zu bemerken, dass dasjenige, was wir über die auf die Verstorbenen bezüglichen Sitten der verschiedenen Nationen an der Hand eines Breton, Picard, De Gubernatis und anderer bemerkten, in der jüngsten Gegenwart, wie auch Pini — wir wissen nicht, mit welchem Grade von Wahrhaftigkeit — andeutet, wohl einige Modifikationen erfahren haben mag; denn nach der Aussage De Gubernatis selbst, der eine sicherlich unverdächtige Autorität ist, »sind die Scheiterhaufen allgemein in jedem Lande verschwunden, in welches das Christentum eingedrungen ist.«[1]) Das ist im Munde eines Ungläubigen ein höchst kostbares Bekenntnis! Wenn also die Scheiterhaufen verschwunden sind, wo das Christentum erschien, so heisst das so viel, als dass die christliche Milde Eingang fand und die wahre Civilisation eindrang, welche die Werke der Barbarei hinwegräumt; und es deutet darauf hin, dass nach allgemeiner Übereinstimmung der Völker die Kremation keine Frucht der Civilisation, sondern vielmehr ein Rückschritt zur Barbarei ist, der menschlichen Natur zuwider. Und wer dieselbe verteidigt, weiss zum mindesten nicht, was er sagt. Dass aber diese vom Hasse gegen den Katholizismus geblendeten Herren Krematisten nicht wissen, was sie sagen; das erkennt man täglich aus Thatsachen. Man teile uns doch mit, weshalb man heutzutage auf unseren italischen Ländereien für die im Kriege Gefallenen Beinhäuser errichtet oder zu errichten vorschlägt. Weshalb gewährt man diesen gefallenen Helden nicht die Ehre des Scheiterhaufens? Warum werden jene Gebeine nicht verbrannt und ihre Asche in eine goldene Urne gesammelt, um in einem Staatsmuseum aufbewahrt zu werden? Die Erhaltung

---

[1]) De Gubernatis. op. cit. pag. 99.

4*

der sterblichen Reste des Menschen ist eine zu altertümliche Sache!! die Beinhäuser riechen zu sehr nach
der Sakristei, erinnern an die christliche Religion . . .
ins Feuer! ins Feuer mit jenen glorreichen Überresten
der in der Schlacht fürs Vaterland Gefallenen! Würde
man etwa nicht logisch handeln, wenn man jene Gebeine verbrennte? Weshalb verbrannte man nicht den
Vater des Vaterlandes, den biederen König? Weshalb
beraubte man ihn der Ehre des Scheiterhaufens? Weshalb übertrat man den Willen des Helden beider
Welten, Garibaldis, der verbrannt werden wollte und
anstatt dessen begraben wurde? Ins Feuer! ins Feuer!
Warum errichtet man nicht ein National-Cinerarium,
woselbst die Asche aller vergangenen, gegenwärtigen
und zukünftigen Helden aufbewahrt würde?

Ihr Herren, die ihr die neuen Errungenschaften
der sogenannten Wissenschaft und der modernen Civilisation begünstiget, ist dies nicht ein offenbarer Widerspruch? Im Namen der Wissenschaft, der Civilisation
und des Fortschrittes rufet ihr die Kremation aus, und
doch verbrennet ihr nicht jene, die nach euerer Ansicht
für die Wissenschaft, die Civilisation und den Fortschritt ihr Leben hingaben! Gehet, denn entweder
seid ihr undankbar, oder Betrüger!

Indem wir das bis jetzt Gesagte überblicken, ziehen
wir daraus die Folgerung, dass zu Gunsten der Beerdigung ausser der Religion auch noch die allgemeine Zustimmung der Menschen eintritt, welche ein Kriterium
der Wahrheit ist. In der That sehen wir, dass der
Gebrauch, die Toten zu beerdigen, fast allen Völkern
der Erde gemein war und ist und dass die hie und
da unter den uncivilisierten Völkern zerstreuten Scheiterhaufen von der Barbarei, vom Fanatismus oder vom
Hochmute entzündet werden, der, wenn er sich nur
über die gewöhnliche Menschheit erheben, nur als etwas
Besonderes erscheinen kann, sich nicht daran stösst, sogar
das natürliche Gesetz zu übertreten. So ist denn auch
durch die Übereinstimmung der alten und der modernen
Völker festgestellt, dass die Kremation nur ein Angriff,
eine Verletzung der Moral, der Religion, des Bürgerrechtes, der Gesetze, der Sitten und des Gefühles der
Völker und daher nur als thörichter Rückschritt und
ebenso thörichte Barbarei zu betrachten ist.

Inhumation, Kremation und Hygieine.

Salus publica suprema lex esto. Dies ist der Schlachtruf, den die Gönner der Kremation gegen die Friedhöfe und die Beerdigung erheben. Es handelt sich also um das öffentliche Wohl und die Hygieine.

Seien wir offen und aufrichtig wie gewöhnlich. Dies oberste Gesetz des öffentlichen Wohles ist eine Sache, die man nicht oberflächlich nehmen und betrachten darf. Jeder einzelne, um wie viel mehr die Gesellschaft muss dieselbe ernstlich zu Herzen nehmen; denn wir alle müssen für die wertvolle Gottesgabe, welche die Gesundheit ist, Sorge tragen, und der Gesellschaft liegt die strenge Pflicht ob, die Gesundheit aller zu schützen. Salus publica suprema lex esto: ein heiliges, unbestreitbares Princip!

Ist es aber in dem vorliegenden Falle gerecht und vernünftig, sich auf dieses Princip zu berufen, um die Leichenverbrennung zu verfechten? Oder dient dasselbe etwa nur als Vorwand und Hülle, um den wahren Zweck, um dessentwillen die Leichenverbrennung verfochten wird, geheim zu halten? Ist dieser ganze Eifer für das öffentliche Wohl wirklich, rein und einfach das, wofür er sich ausgiebt, oder verbirgt er eine andere Absicht?

Das ist's, was wir jetzt zu untersuchen haben, da wir das Feld der Religion und Moral verlassen, auf welchem die Kremationstheorie so übel standgehalten hat.

Steigen wir also herab auf jenes Feld, welches die Krematisten für sich in Anspruch nehmen und auf dem sie sich unüberwindlich dünken. In fester Burg haben sie sich verschanzt, und von da aus drohen sie uns frech. Uns obliegt, diese Festung zu belagern, Laufgräben zu ziehen, ihre Verteidiger zum Ausstecken der weissen Fahne und zur Kapitulation zu zwingen, und wir werden diese Übergabe und Kapitulation entgegennehmen, ohne ihnen auch nur die militärischen Ehren zu gewähren.

Also zur Sache.

Die Krematisten sagen und behaupten, dass man zum Schutze der allgemeinen Wohlfahrt und zur Berücksichtigung der Hygieine ausser vielen anderen Mitteln auch das der Einäscherung der Leichen in Anwendung bringen müsse; denn die Beerdigung, welche fast alle Völker der Erde ab immemorabili ausüben, darunter hauptsächlich seit neunzehn Jahrhunderten die civilisierteren, sei nichts anderes als eine fortgesetzte Bedrohung der Gesundheit aller, da die Friedhöfe in Fäulnis begriffene Begräbnisstätten seien, Herde der Ansteckung und der Miasmen, nie versiegende mephitische Quellen oder, wie Dr. Leball ohne so viele Umschreibungen sagt, die Friedhöfe bringen nicht nur Pest und Unfruchtbarkeit (!!) hervor, sondern sie sind geradezu Werkstätten und Fabriken des Teufels[1]) (woraus man sieht, dass diese Herren, wann es ihnen genehm ist, dem Teufel Anerkennung zollen), welche die Luft, die man einatmet, mit Gestank erfüllen und mit septo-pneumen bevölkern, wie Professor Selmi behauptet; welche das Wasser verunreinigen, das zum Trinken und zum Gebrauche des Haushaltes dient. Sie beweisen, dass unser Trinkwasser eine von Leichen herrührende Destillation, dass folglich die Toten den Lebenden schaden, indem von ihnen alle Übel, die Epidemien, die Miasmen, die Krankheiten herzuleiten seien, von denen die unglückliche Menschheit heimgesucht wird, so zwar, dass die Verstorbenen als furchterregende, faulende Schergen des unerbittlichen, zerstörenden Todes den Schlund der Grüfte aufreissen, um alle Lebenden zu verschlingen. Es ist zum Erbarmen, wenn man sie reden hört:

Es ist alles eine Seuche.
Und wir,
Die Ebenbilder Adams,
Sind hienieden angeheftet,
Scheinbar sind wir Fleisch, doch eigentlich
Nur aufgerichtetes Gebein.
Für uns
Ist die Amme Totengräber,
Ja, eigentlich die Wehmutter.

Wenn es sich also verhält, dann ist es in Wahrheit erschrecklich.

Und dies sind nicht etwa Übertreibungen von uns alten Zöpfen und daher natürlichen Gegnern der Ent-

---

[1]) Lieball. Der Welt Verderb durch Totenbegrabung. S. 110.

weihung der menschlichen Verbindung, die man barbarisch durch Feuer zerstören möchte; sondern es sind Dinge, welche unsere Gegner mit dem stärksten Nachdrucke behaupten.

Deshalb begannen jene, die gegenwärtig die Kremation beschützen und empfehlen, vermöge ihrer Vorsicht, nach lauter Verkündigung ihres Wahlspruches, salus publica suprema lex, heimlich den Kampf gegen das christliche Begräbnis, indem sie dessen Stätten erst von den Kirchen und Klosterhallen, dann auch von den Städten in einem Grade entfernten, dass in den letzten Jahren die Pariser Freimaurer vorschlugen, die Friedhöfe auf zehn Meilen von der Stadt zu entfernen und behufs Transportes der Toten Eisenbahnen zu bauen.[1]) Dies sagt schon alles. Seither gelangte man in stetem Fortschritte so weit, dass man, immer im Namen der allgemeinen Gesundheit, die Einäscherung der Leichen vorschlug, und wir sahen bereits, wie die Freimaurerei darauf besteht und mit welcher Wärme sie dieselbe anempfiehlt.

Wohl erscheint es natürlich, dass zur Zeit der grossen französischen Revolution, jenes titanischen Kampfes des Menschen wider Gott, wider das Christentum, auch der Entweihung des toten menschlichen Leibes, der damals in lebendem Zustande so sehr gemissbraucht wurde, die hohe Autorität jener Macht keinen Einhalt that, welche die Negierung jedweder Autorität darstellte. Deshalb wird in einem von Legrand d'Aussy verfassten Memoire vom Jahre V der französischen Republik (1797) über die Nationalbegräbnisse die Notwendigkeit festgestellt, die Beerdigung der Leichen durch die Einäscherung derselben zu ersetzen. Der Gesetzentwurf, den die Kommission des Rates der Fünfhundert bezüglich dieser Reform am 25. Brumaire des Jahres V vorlegte, umfasste folgende zwei Artikel:

Art. 5: Il est libre à tout individu de faire brüler ou inhumer dans tel endroit qu'il jugera convenable, les corps de ses proches.

Art. 8: La loi de la salubrité défend que le bücher soit allumé ou l'inhumation privée faite dans l'enceinte des habitations.

So ward denn also die Kremation durch ein Gesetz seitens der gottlosesten Autorität als rechtmässig

---

[1]) Gaume. Der christliche Friedhof. S. 16.

hingestellt, welche jemals diesen Namen auf Erden usurpiert hat.

Und der heidnische Geist, der in jener gottlosen Zeit seine Schwingen auf Erden regte, entzündete auch den ersten Scheiterhaufen auf unserem italischen Boden und verzehrte eine Leiche auf der Küste unseres Meeres. Die Regierungen von Lucca und Florenz gestatteten dem englischen Barden George Byron, dem Kammerpoeten der Freimaurerei, zu Viareggio auf der Meeresküste den Leichnam seines Freundes, des Dichters Schelley, zu verbrennen, der auf einer Lustfahrt im Golf von Spezia am 8. Februar 1822 elendiglich im Meere ertrunken war. Und Schelley ward auf einem mit Salz und Weihrauch bestreuten, mit Wein begossenen, von Soldaten umstellten Scheiterhaufen in Gegenwart seiner Freunde Byron, Trelawney und Hunt verbrannt.

Das Heidentum triumphierte.

Am 11. Januar 1853 las der Professor Ferdinand Coletti in der Akademie der Wissenschaften und Künste zu Padua eine Rede über die Einäscherung der Leichen, welche die Akademiker und das Publikum nach der Aussage Paul Gorinis nachdenklich und gesammelt beiwohnten, indem sie verschiedene Zeichen des Interesses von sich gaben und mit dem gelehrten Leser zu sympathisieren schienen.

Dies war eigentlich der erste Funke, der dann eine grosse Flamme zur Folge hatte. Ich werde mich hier nicht damit aufhalten, der fortschreitenden Entwickelung der neuen Theorie Schritt für Schritt zu folgen, die in der durch die Revolution verderbten Gesellschaft Verbreitung fand.

Nur um meiner Pflicht als Geschichtschreiber zu genügen, will ich erwähnen, dass im Jahre 1866 von Coletti selbst der Vorschlag gemacht wurde, die Leichen der im Kriege Gefallenen zu verbrennen; dass die Kremation der Gegenstand von Reden im Pariser Nationalkongress für die Verwundeten 1867 gewesen, woselbst zu deren Gunsten die Ärzte Pietro Castiglioni und Agostino Bertani sprachen. Es war in Berlin im Jahre 1869 in einem Kongresse davon die Rede und in demselben Jahre bei dem in Florenz abgehaltenen Kongresse des Roten Kreuzes, wo Coletti und Castiglioni Reden hielten und über folgenden Tagesbefehl abgestimmt wurde: man solle alle möglichen Mittel anwenden, um im Interesse der Hygieine vom Gesetze zu erlangen, dass die Einäscherung der Leichen an die Stelle des gegenwärtigen Systems der Beerdigung trete.[1])

Schon seit dem Jahre 1867 hatte der berüchtigte Salvator Morelli, der bekannte Beschützer der ›Grossmütigen‹ der Kammer einen Vorschlag zur Annahme der Kremation, als eines äusserst wirksamen Mittels zur Zerstörung der Leichen, überreicht.[2])

Endlich erhoben sich in der Nacht des 1. Dezembers 1870 auf den Ufern des Arno und des Mugnone, auf den Kuhweiden nächst Florenz von einem brennenden Scheiterhaufen Flammenwirbel zum Himmel. Es verbrannte daselbst der Leib des indischen Fürsten Bayach Muharaja von Kelapore, der nach Sitte und Ritus der Indier in Asche verwandelt wurde. Am 23. Januar 1874 starb der protestantische Schweizer Albert v. Keller, der in seinem Testamente die Summe von zehntausend Lire hinterliess, damit sein Leib verbrannt würde, und verfügte, dass der Rest dieser Summe auf die Errichtung eines eigenen Gebäudes im Innern des grösseren Mailänder Friedhofes verwendet werde und dass dieser Bau ausschliesslich zur Verbrennung der Leichen dienen solle. Der Wunsch Kellers konnte nicht sogleich erfüllt werden, da die Regierung es nicht sogleich gestattete; jedoch wurde zwei Jahre später, am 22. Januar 1876, die Erlaubnis zur Verbrennung der Leiche des edlen Protestanten erteilt, welche einbalsamiert worden war, um sie zu dem Zwecke zu erhalten. Mit dieser Erlaubnis war es jedem freigestellt, sich verbrennen zu lassen, so dass in Mailand allein von 1876 bis zur Gegenwart 518 Leichen verbrannt wurden, und nach und nach verbrannte man deren auch in anderen Städten, in welchen Kremationsöfen errichtet worden waren. So wurden in Rom seit 1876 155 Leichen verbrannt, zu Cremona und Florenz 55, zu Livorno 40, zu Lodi und Brescia 32, zu Padua 18, von denen nicht alle in Padua verstorben waren, zu Udine 12, zu Varese 8, zu Novara und Como 7, zu Pisa und Asti 4, zu Spezia 3.

Nach Feststellung obiger Thatsachen bleibt uns nur noch die Aufgabe, die Waffen unserer Gegner

---

[1]) Pini. La cremation en Italie et à l'étranger. Mailand 1885.

[2]) V. La donna e la scienza. Neapel 1869, S. 166.

näher kennen zu lernen und zu prüfen. Wir wählen
jene der Häupter.

Dr. Felix Dall'Acqua fasst in einem engen Rah-
men alle Vorteile zusammen, die der Menschheit aus
der allgemeinen Einführung der Kremation erwachsen
würden, und diese Vorteile — das merket wohl —
sind nach der Ansicht Dall'Acquas so gross, dass sie
weder eines Beweises noch einer Erörterung bedürfen.
Sie funkeln offenbar wie die Sonne. Wir wollen dieselben mit den Worten des obengenannten Doktors
anführen.

»I. Es wird die langsame und fortwährende Verunreinigung des Bodens durch Fäulnis verhindert. II. Es
wird die Verunreinigung des Trinkwassers durch die
Fäulnis zerfallender organischer Stoffe vermieden. III. Es
wird die Verpestung der Luft in den den Friedhöfen
zunächst liegenden Örtlichkeiten verhindert. IV. Es
wird mehr Boden für den Ackerbau gewonnen. V. Es
erwächst der Vorteil, die Asche unserer lieben Angehörigen besitzen und bewahren zu können, so dass die
Scheidung der Lebenden und Toten gemildert erscheint.
VI. Die Friedhöfe hören auf, in Zeiten herrschender
Epidemien eine fortwährende Gefahr für die Lebenden
zu sein. VII. Es ist dies ein neues Mittel, den Tod zu
konstatieren, eine Gelegenheit zur äusserlichen Untersuchung der Leichen und somit zur eventuellen Ent-
deckung jedes verbrecherischen Geschehnisses.«

Da jedoch Dr. Dall'Acqua, obschon er Voran-
stehendes behauptet, ohne die Notwendigkeit des Be-
weisens und Erörterns einzusehen, dennoch ein braver,
gewissenhafter Mensch ist, so stellt er sich auch wacker
die Nachteile vor Augen, welche aus der Einführung
der Kremation erwachsen würden, wie folgt:

»Vom physisch-chemischen Standpunkte. I. Die
schädlichen Ausdünstungen, welche von der Verbrennung der animalischen Körper herrühren. II. Die
Menge des Brennmateriales und daher die übermässigen
Kosten des Kremationsaktes.«

»Vom wissenschaftlich-moralischen Standpunkte.
III. Der Schaden, der den gerichtlichen Nachforschungen,
den medizinisch-gesetzlichen Untersuchungen post mortem erwächst. IV. Der resultierende Schaden für die
Phrenologie, Craniologie, Anthropologie, denen die Elemente für ihre Untersuchungen entzogen würden.«

»Vom religiösen Standpunkte. V. Die Auslegung

einiger Stellen der heiligen Schrift, die einigen wenigen wie eine Missbilligung der Verbrennung menschlicher Leichen klingen könnte.‹

›Vom Standpunkte des Gefühles. VI. Es wird des Abscheues erwähnt, den man fühlen würde, wenn man die Hülle der lieben Verwandten und der teuersten Freunde verbrennen sähe.‹

›Die Vorteile sind derart, dass sie weder eines Beweises noch einer Erörterung bedürfen. Die Nachteile sind nach unserem Dafürhalten mehr scheinbar als wirklich.‹[1])

Wie man sieht, schweift Dr. Dall'Acqua, indem er sowohl die Vorteile als die Nachteile aufzählt, in mehrere Gebiete: aus jenem der Hygieine begiebt er sich in das medizinisch-juridische, dann auf das der Religion, des Gefühles, der Landwirtschaft und der Ökonomie. Indem wir uns vorbehalten, ihm auf alle diese Gebiete mit Ausnahme des religiösen, das wir bereits durchschritten, zu folgen, wollen wir uns nun auf dem der Hygieine aufhalten.

Dall'Acqua stellt hier alle Theorien auf, welche die Krematisten ins Feld führen, und sogar Gorini billigt diese theoretische Auseinandersetzung, die er als gedrängtes und äusserst klares Bild bezeichnet. Da aber Dall'Acqua behauptet und nicht beweist, so citieren wir zur Vervollständigung dieses äusserst klaren Bildes einen, der beweist und demonstriert, und dieser ist Professor Selmi, der also raisonniert: Nachdem erwiesen ist, dass ein Stück in geschlossenem oder dem Einflusse der Luft offenstehendem Gefässe ans Feuer gesetzten Fleisches bei seiner Auflösung und Verzehrung der Gesundheit keinen Schaden bringt, fügt er hinzu: aber sobald Verwesung stattfindet, nehmen die Dinge einen anderen Verlauf. Die gasartigen Produkte elementarer Natur, wie der Stickstoff, oder von wenig komplicierter Zusammensetzung, wie die Kohlensäure, sind da in weit geringerem Masse vorhanden. Myriaden von Keimen, die in der Atmosphäre zerstreut sind, finden in den Leichen Gelegenheit, sich zu verbreiten und furchtbar zu vermehren, und indem sich die neu erzeugten Keime in der Luft zerstreuen, führen sie ernste Gefahren der Ansteckung herbei.[2])

---

[1]) Italienische medizinische Zeitung Lombardei, Nr. 14, 4. April 1874.

[2]) Annalen der auf die Medizin angewandten Chemie, 1873, S. 319.

Dr. G. B. Ayr sagt: »Die in den Friedhöfen auf-
gehäuften Leichen werden stets, welche Vorsichtsmass-
regeln man auch immer treffen möge, ein Zunder der
Ansteckung, und indem sich die Ausdünstungen der
Leichen verbreiten, verpesten sie die umgebende Luft.«
Und indem er den Artikel 71 des sanitären Reglements
citiert, welcher anordnet, dass die Friedhöfe hundert
bis zweihundert Meter von den Wohnungen entfernt
und gegen Norden gelegen seien, fährt er fort: Die
Ausdünstungen der Leichen verbreiten sich jedenfalls
weiter als hundert Meter. Diese Verbreitung wird
durch den Wind begünstigt. Da Italien ein Land ist,
welches nicht unter dem Einflusse beständiger und
periodischer, sondern vielmehr unter jenem unbestän-
diger oder veränderlicher Winde steht; so kann die
Orientation der Friedhöfe keineswegs abhelfen.[1]) Die
Luft, welche über die Friedhöfe hinstreicht, schreibt
Du Camp, wird mit pestartigen Miasmen geschwängert,
und das in den Boden sickernde Regenwasser, welches
schädliche Lösungen aufnimmt, wird zum Gifte. Daher
zieht er den Schluss: Das einfachste Mittel, allen diesen
Übelständen abzuhelfen, wäre jenes, zur Sitte der alten
Römer zurückzukehren, nämlich an die Stelle der Grube
den Scheiterhaufen zu setzen.[2]) Die durch die Luft-
verderbnis seitens der Friedhöfe verursachten Krank-
keiten sind insbesondere heftige Kopfschmerzen, Durchfall, Geschwüre in der Kehle u. s. w. In diesem Tone
des Mitleids für die arme Menschheit, die durch die
Friedhöfe so vielen Übeln ausgesetzt ist, reden alle
Gönner der Kremation von den Häuptern der Schule
angefangen bis zu den letzten und gewöhnlichsten
Nachzüglern.

Nach den obigen Auseinandersetzungen lässt sich
wohl begreifen, dass die Kremationstheorie auf den
ersten Blick, namentlich für die oberflächlichen Geister,
die bald befriedigt sind, den Anschein der Wahrheit
trägt. Denn die meisten schliessen so: Die Inhumation
führt alle diese Übel mit sich, so dass die öffentliche
Hygieine darunter sicherlich leidet; durch die Kremation
werden alle Gefahren und die Quellen der Ansteckung

---

[1]) Annalen etc. vom Dezember 1872. V. Cremation und
Hygieine. Brief a. d. Comm. Polli S. 349.
[2]) Revue des deux mondes 15. Avril 1874. V. Les cime-
tières de Paris et le danger des nécropoles urbaines p. 846.

hinweggenommen, da das Feuer alles zerstört und reinigt: demnach ist klar, dass man das System der Beerdigung aufgeben und sich an jenes der Kremation halten müsse.

Wer sich jedoch an den Schall hochtönender Worte und an das Übermass langen Geredes nicht kehrt und sich mit wohlfeilen Behauptungen nicht zufrieden giebt, eingedenk, dass dasjenige, was gratis asseritur, gratis negatur; der zögert einen Augenblick, denkt, betrachtet, forscht, untersucht das Für und das Wider, und wenn er sich auf solche Weise einen richtigen Begriff von der Sache gemacht hat; dann stimmt er nicht demjenigen bei, der es verlangt, sondern dem, der wirklich recht hat. So wollen wir vorgehen. Wir wollen prüfen und sehen, ob alle Behauptungen, welche die Kremationsfreunde der Beerdigung entgegenstellen, wahr sind; ob die Kremation wirklich jene Beglückung der Menschheit mit sich bringt, wie man nach allen vier Winden auszutrommeln beliebt; ob dieselbe wirklich eine Errungenschaft der wahren Civilisation und endlich, ob sie wirklich die Panacee ist gegen alle Übel, welche die arme Menschheit bedrücken.

Unterdessen sagen wir aber gleich zu allererst ganz offen mit dem Gewissen ehrlicher Leute, welche die Frage ein wenig studiert haben, dass dasjenige, was die Krematisten behaupten, von der Wahrheit sehr weit entfernt ist.

Und das wollen wir logisch beweisen.

Dall'Acqua und die Gönner der Kremation sagen, dass durch die Aufhebung der Friedhöfe die langsame und fortwährende Verunreinigung des Bodens durch Fäulnis und infolge dessen die fortwährende Verpestung der Luft in den an die Friedhöfe grenzenden Örtlichkeiten aufhört, sowie auch die immerwährende Gefahr für die Lebenden seitens der Friedhöfe bei herrschenden Epidemien.

Sie sagen mit einem Worte, dass die Friedhöfe an der Verpestung der Luft schuld sind. Aber gerade das leugnen wir im allgemeinen mit Bestimmtheit.

Es ist sicherlich nicht die Rede davon, dass die Zersetzung und Verwesung einer offen daliegenden oder kaum mit ein wenig Erde bedeckten und somit in unmittelbarer oder mittelbarer Berührung mit der Atmosphäre stehenden Leiche nicht an und für sich ein eigentliches Centrum der Ansteckung sei; ist es doch

wohl bekannt, dass sich gasförmige Produkte von der
organisch-animalischen in Verwesung begriffenen Substanz ablösen, die sich in einer gar merklichen Weise
verflüchtigen, welche dem Geruche sehr unangenehm
und der Gesundheit äusserst schädlich ist. Aber wir
leugnen mit dem vortrefflichen Dr. Heinrich Pisani,
dass ein gehörig in gewisser Tiefe und nach wissen-
schaftlicher Erkenntnis wohlgewähltem Erdreich begra-
bener Leichnam die Luft verpesten könne. — Ich gebe
zu, sagt Dr. Pisani, dass ein verwesender Leichnam die
Luft verpestet, so dass dieselbe der Gesundheit schadet;
allein ich gebe nicht zu, dass der Verwesungsprozess,
der sich sechs Schuh unter der Erde vollzieht, die Luft
der Friedhöfe und ihre Umgebung verpesten könne,[1])
denn die Erde ist der bestmögliche aufsaugende und
umgestaltende Assimilator. Sie ist ein Schwamm, der
die Materie aufsaugt, umgestaltet und umwandelt, indem er sie auflöst, assimiliert, zerlegt und in andere
Elemente verwandelt, welche eben durch ihre Zerlegung
nicht nur unschädlich, sondern sogar heilsam werden,
während sie zerstörend wirkten, so lange sie mit anderen vereinigt waren. Das weiss ein jeder, der auch
nur eine oberflächliche Kenntnis der chemischen Kombinationen, Transformationen und Assimilationen besitzt. Die Erde ist nach der gelehrten Bemerkung
Seymour Hadens, Inspektors der englischen Friedhöfe,
das energischste Mittel gegen die Verwesung; denn
sie assimiliert und verwandelt; sie saugt die übel-
riechendsten Gase auf, wie die Kohlenstoffverbindungen,
den schwefel- und phosphorhältigen Wasserstoff, das
Ammoniakgas u. s. w. und macht sie der Vegetation
dienstbar. Earth, sagt Seymour, is the strongest mean
me know against putrefaction. Und was Dr. Pisani
behauptet, giebt auch Gorini, der Erzkrematist, zu. In
der That schreibt er: Was Dr. Pisani behauptet, scheint
eine erwiesene Thatsache zu sein, und es scheint auch,
dass es dazu dient, die Wahrheit seiner Thesis zu beweisen. Aber auch wenn die Thatsache feststeht, so
lässt sich daraus doch nicht der von ihm gewünschte
Schluss ziehen.[2])

---

[1]) Beilage zur Gazetta Medica Italiana (Lombardia) Nr. 13,
2. Mai 1874.
[2]) Gorini, La purificazione dei morti col mezzo del fuoco.
S. 29.

Das ist doch sonderbar! Pisani sagt der Hauptsache nach, dass ein sechs Fuss tief beerdigter Leichnam die Luft nicht verpestet, Gorini giebt dies zu,
will aber nicht zugeben, dass die Luft nicht verpestet
sei. Und nicht zufrieden damit, fügt er hinzu: Ausserdem ist in Betracht zu ziehen, dass die Thatsache einer
guten Gesundheit gewöhnlich auch an den Professoren
und den Studierenden der Anatomie ersichtlich wird,
obwohl in jenen Schulen sowie in den für die Sek-
tionen bestimmten Zimmern, wo sie viele Stunden des
Tages ihren gewöhnlichen Arbeiten obliegen, ein pest-
artiger Leichengeruch herrscht, zu dessen Feststellung
keine eingehenden chemischen Analysen, ja nicht einmal eine gewisse Feinheit des Geruches vonnöten sei.[1]
Auch giebt er die beneidenswerte Gesundheit manches
Kaplans und manches Totengräbers zu. Nun, bei
meiner Treu! Wenn man aus diesen Thatsachen nicht
schliessen will, dass die Luft der Friedhöfe und der
anatomischen Hörsäle äusserst gesund sei; so wird sich
doch daraus folgern lassen, dass dieselbe nicht schädlich und zerstörend wirkt? denn wenn dies der Fall,
so würden die Professoren und Studierenden der Anatomie sämtlich zu Aas, nicht minder als die Kapläne
und die Totengräber, was jedoch nicht zutrifft. Folglich? — Nun, den Schluss mag jeder selbst daraus
ziehen.

›In meinem Geburtsorte,‹ schreibt Abbé Proyart,
›sind drei Häuser (darunter mein Vaterhaus) wegen
der Langlebigkeit ihrer Bewohner berühmt; dieselben
bezeichnen gleichsam den Umkreis des Friedhofes. Ich
entsinne mich noch, wie zur Zeit, da die Ökonomen
die Anwohner der Friedhöfe in gewaltigen Schrecken
versetzten, durch gerichtliche Nachfragung bewiesen
wurde, dass die Bewohner der Häuser nächst dem cime-
tière des innocents, der unter allen Friedhöfen der
Hauptstadt wohl der unangenehmste ist, ebenso gesund
waren und ebensolang lebten wie jene, die in den
Strassen von Paris wohnen, welche als die gesundesten
gelten.[2]

Einem mir aus Gefälligkeit zur Verfügung gestellten Briefe vom 26. April 1886 aus Silius in Sardinien

---

[1] Gorini etc. S. 29—30.
[2] Proyart. Tugenden Ludwigs XVI, T. II, S. 385.

entnehme ich folgende Daten, die meine voranstehenden Behauptungen bestätigen.

1. »Die Bevölkerung wächst alljährlich und beläuft sich nach der letzten Volkszählung auf 903 Einwohner.

2. Die Glieder dieser Gemeinde erfreuen sich einer guten Gesundheit und erreichen infolge der Lage des Dorfes, der guten Luft und des vorzüglichen Wassers ein hohes Alter. In der Nahrung sind sie mässig. Wir haben einen Greis von 114 Jahren, dessen im Jahre 1885 verstorbene Gattin 104 Jahre zählte. Ausserdem haben wir noch über 50 Einwohner von 90 und mehr Lebensjahren. 150 Einwohner zählen 70 Jahre, und alle sind geistesfrisch und bewegen sich mit Leichtigkeit. Das gewöhnliche Lebensalter ist beiläufig 70 Jahre und darüber, und meistens sterben die Leute an zufälligen Übeln, denen in Ermangelung eines Arztes nicht rechtzeitig abgeholfen wurde. Die jährlichen Geburten übersteigen die Zahl der Todesfälle. Die Durchschnittszahl der ersteren ist 30, die der letzteren erreichte niemals 20 mit Ausnahme des Jahres 1886, in welchem 86 Einwohner, sämtlich an den Blattern, starben.

3. Die gewöhnliche Nahrung der Wohlhabenden besteht in Weizenbrot, Fleisch, Käse und schwach gewürztem Gemüse; die der Armen in Gerstenbrot, Gemüse und Wiesenkräutern.

4. Der Friedhof liegt gegen Osten am Ende des Dorfes, in der Nähe der Wohnhäuser. Er hat eine Ausdehnung von beiläufig 400 Quadratmeter. Die Leichen werden gewöhnlich ohne Sarg bestattet. Die Tiefe der Gräber beträgt zumeist 75 cm. bis 1 m. Nie zeigte sich wegen der Nähe des Friedhofes oder wegen der Art, die Leichen zu begraben, irgendwie Sterblichkeit oder eine ansteckende Krankheit. Das Dorf liegt dem Winde ausgesetzt auf einem Hügel. Die Einwohner beschäftigen sich mit Ackerbau und Viehzucht. «

Erinnern wir uns auch, welch guter Gesundheit und welch langen Daseins sich trotz ihres strengen Büsserlebens jene zahlreichen Vereine von Mönchen erfreuen, die vielen christlichen Begräbnisstätten zu Hütern gesetzt sind und fortwährend die Luft der Friedhöfe einatmen. Wäre letztere wirklich verpestet, wie die Krematisten wollen, wie viele würden dann hinweggerafft werden, oder wenigstens würden die ein-

zelnen immer an akuten Kopfschmerzen, Durchfall,
Geschwüren im Halse u. s. w. zu leiden haben, welches
lauter absonderliche Übel sind, die nach den Krema-
tionsfreunden von jenen Fabriken und Werkstätten des
Teufels, von jenen Anhäufungen verwesenden Fleisches
herkommen, als welche die Friedhöfe zu betrachten
seien. Aber nicht nur das trifft nicht zu, sondern jene
Mönche und Kapläne erfreuen sich vielmehr einer nei-
denswerten Gesundheit und Langlebigkeit! Und auch
die Behauptung Chadwicks kann nicht gelten, welcher
sagt, dass wenn die Totengräber und jene, die von
Amts wegen an den Friedhöfen wohnen, den Eindruck
der Kräftigkeit und Arbeitsamkeit machen, »dies ihrem
Zechen zuzuschreiben ist (sic), da sie der Flasche stark
zusprechen, wie auch den übrigen Reizmitteln, von
denen sie sich nähren, um die von der Luft, in der
sie existieren, herabgestimmten Geister wieder zu be-
leben.«[1]) Dass die Totengräber zuweilen mehr trinken
als nötig, das mag ja sein; aber dass die armen Fran-
ziskanerfratres, die von Almosen leben und sich von
Wurzeln und wenigen gekochten und mit Öl gewürz-
ten Kräutern nähren, die gewässerten Wein trinken
und beinahe das ganze Jahr fasten; dass diese wohlauf
seien und sich der Gesundheit und eines langen Lebens
erfreuen, weil sie fleissig zechten und reizende und
nahrhafte Speisen genössen: das ist zu stark, als dass
man es hinabschlucken könnte, trotzdem es Herr Chad-
wich ist, der es sagt; und sicherlich würde er sein
Mahl — sei dieses noch so einfach — nicht mit den
guten Tropfen und den reizenden Speisen der Franzis-
kanerpatres vertauschen, welche die Obhut eines Friedhofes innehaben oder einfach in irgend einem ihrer
Klöster leben.

Das Athenaeum von Brescia befragte vor Jahren
die versammelten Ärzte der Provinz um ihr Urteil bezüglich der Gesundheitswidrigkeit der Friedhöfe. Von
vierunddreissig Antworten lauteten zweiunddreissig vollkommen beruhigend, obgleich viele der Berichterstatter
sich aus verschiedenen Gründen als Freunde der Kremation erklärten; und sie behaupteten, sich nicht gegen
die Beerdigung erklären zu können, da sie die Totengräber, die Wächter der Friedhöfe und die Anwohner

---

[1]) Cremation of the dead. Chapt. IV, pag. 53 and seq.

der letzteren ebenso alt werden sähen wie die anderen Leute.

Dr. Rudolf Rodolfi sagt in einem Briefe aus Brescia vom 15. April 1874 an Dr. Felix Dall'Acqua, den Gorini citiert, unter anderem folgendes: »Die Friedhöfe sind nichts anderes als geräumige Behälter von Gas und Stoffen, die von der Erde wie von einem Schwamme aufgesogen werden; von Gas und Stoffen, welche die Erde langsam verdunsten lässt und die rasch von den Pflanzen aufgesogen werden. Sowohl Naturalist als Agronom sehen in der Kremation ein gewaltsames und unnatürliches Mittel der Zerstörung. Die Natur verzehrt die Leichen langsam, und niemand hat das Recht, ihre geheimnisvollen Vorgänge zu unterbrechen, die allezeit wunderbar und des Studiums würdig sind. Wenn die Leichen auch nicht ebenso edle, weil ebenso hoch organisierte neue Wesen hervorbringen; so schwängern sie doch Luft und Erde mit Elementen, welche in der Folge den Menschen ernähren.« Wohlan, wie antwortet nun Dr. Felix Dall'Acqua, der — wie Gorini ihn bezeichnet — so tapfere Bezwinger aller Gegner der Kremation, auf diesen hochwichtigen Brief des gelehrten Dr. Rodolfi, der — wie Gorini selbst sagt — einer äusserst strengen Prüfung unterzogen zu werden verdient, sowohl wegen des wohlverdienten hohen Rufes, dessen der Autor geniesst, als auch weil die darin enthaltenen Einwürfe ungewöhnlich und neu erscheinen und aus dem Zirkel derjenigen heraustreten, welche bis jetzt unter verschiedenen Formen fortwährend wiederholt wurden? In seiner zweiten Revue der Kremation antwortet Dr. Dall'Acqua auf Seite 31 genau folgendes: Er könne und wolle die Ansichten seines geehrten Gegners nicht widerlegen. Also? — Da haben wir wiederum denselben Refrain. Die Folgerung zieht jeder, der einen gesunden Verstand hat, von selbst.

Setzen wir jedoch die Sache noch weiter auseinander, indem wir uns der Führung des äusserst gelehrten Jesuitenpaters Steccanella anvertrauen, der über diesen Gegenstand geschrieben hat.

Was geschieht mit dem Leibe des Menschen, sobald die Seele denselben verlassen hat?

Sobald das Leben aufgehört hat, fängt der tote Leib an zu oxydieren, und hiermit beginnt das Werk der Zerstörung. An der freien Luft ist wegen der Menge des umgebenden Sauerstoffes die Oxydation

rascher und eindringender, daher die Beschleunigung
der Auflösung und weiterhin die häufige, fortwährende
und rasche pestartige Ausdünstung, so zwar dass eine
Welle derselben die andere treibt. Nicht also ist der
Vorgang im Grabe. Da dasselbe den Leichnam ein-
schliesst, geht die Auflösung wegen der äusserst geringen Menge des Sauerstoffes langsam vor sich, und
daher muss auch die Ablösung der Ausdünstungen nur
langsam, in wenigen dünnen Strahlen geschehen. Mantegazza sagt sogar: Die äusserst geringe Menge des
Sauerstoffes, der mit den menschlichen Leichen in Berührung kommt, bewirkt eine ganz eigentümliche Zersetzung, bringt oft eine tiefgehende Veränderung hervor,
ohne dass im geringsten Gestank entsteht, wie in den
Fällen, da Verseifung stattfindet.[1]) Sehr oft auch sind die

---

[1]) Zum Beispiel in einem Erdstriche des Friedhofes zu
Padua kommt Verseifung vor. Zu Venzone kommt bekanntlich
Mumifizierung vor. Hier kommen uns einige Bemerkungen zu
statten, die Mantegazza in der Rassegna über den von uns soeben besprochenen Gegenstand macht. Dieselben sind uns
äusserst dienlich.

Mantegazza schreibt:

»In Bezug auf die Kremation bin ich ein Zöpfchen; denn
ich bin des festen Glaubens, dass die Friedhöfe verleumdet
worden sind und es noch werden; ich glaube, dass fünfzig
Prozent der fanatischen Krematisten den Scheiterhaufen lob-
preisen, um als liberal oder wenigstens fortschrittlich gesinnt
zu gelten und weil es leicht ist, sich den Anschein zu geben,
als schreite man vorwärts, wenn man wiederum die Wege vergangener und längstvergangener Zeiten einschlägt . . . Drücken
wir dem teuren Kollegen Professor L. Gabba herzhaft die
Hand, der vor wenigen Monaten den Mut hatte, sich unter die
»Zöpfchen« zu stellen, indem er mit vieler Kenntnis und noch
grösserer Gewissenhaftigkeit in Gegenwart des lombardischen
Instituts die Frage behandelte, »ob die Friedhöfe auf die öffentliche Gesundheit einen nachteiligen Einfluss ausüben können.«

Lassen wir ihn reden, denn er redet gut und ernsthaft.

Wir dürfen annehmen, dass in Mailand die jährlich auf
die Friedhöfe gebrachten Leichen ein Gesamtgewicht von circa
65000 kg. vorstellen (wenn wir auf den Tag 30 Leichen von
durchschnittlich 60 kg. Schwere rechnen). Wenn sich der
Kohlenstoff aller dieser Leichen im Innern der Erde in Kohlensäure verwandelte, der sich in der freien Luft verflüchtigte
(was nicht der Fall ist), so würden sie jährlich 593928 kg.
Kohlensäure liefern, das sind 1627 kg. täglich. Nehmen wir nun
an, dass die 300000 Einwohner von Mailand täglich 270000 kg.
Kohlensäure ausatmen (davon entfällt durchschnittlich auf eine
Person 900 Gramm); dazu kommt die Kohlensäure, welche die
Tiere ausatmen und jene, welche von der Verbrennung in allen
Privat- und industriellen Öfen sowie von dem Beleuchtungs-

menschlichen Leiber vor dem Tode so sehr von der Krankheit abgezehrt, dass nichts übrig bleibt als Haut

materiale stammt u. s. w.: so ergiebt sich direkt und indirekt seitens der Lebenden ein Quantum an Kohlensäure, das beiläufig das zweitausendfache der Kohlensäure ausmacht, welche die Toten hervorbrächten, die alltäglich unseren Friedhöfen anvertraut werden.

Es fehlen uns noch die genauen Angaben bezüglich der Gase, die zugleich mit der Kohlensäure im Laufe der Leichenzersetzung hervorgebracht werden könnten. Wir wissen nur, dass sich in der vom Grabe eingeschlossenen Luft oder in der Atmosphäre, die einen in Zersetzung begriffenen Leichnam unmittelbar umgiebt, Schwefelsäure und Ammoniak vorfindet, sowie die aus der Verbindung dieser Gase resultierende Zusammensetzung, nämlich schwefelsaures Ammoniak.

Jedoch in der freien Luft und in der Atmosphäre wohlangelegter und gut beaufsichtigter Friedhöfe selbst fördern die empfindlichsten Reagentien keine Spur davon zu Tage, während sie das Vorhandensein dieser Gase in Schundgruben, Ställen und Kloaken sehr rasch erweisen.

Keiner von jenen, welche die Friedhöfe bekämpfen, hat sich bis jetzt auf die Spaltpilze gestützt. Diese von Selmi entdeckten Leichenalkaloide scheinen auf den ersten Blick ein Argument für die Kremation. Aber bis jetzt ist das Vorhandensein der Spaltpilze in der freien Luft nie konstatiert worden, und ausserdem ist bewiesen worden, dass sie nicht immer giftig und dass sie nur in äusserst geringen Mengen in Leichen vorkommen. Andererseits ist noch nicht bewiesen, ob die Spaltpilze nicht aus der Metamorphose anderer Körper während der Ausgrabung herrühren. Endlich hat Selmi selbst bewiesen, dass die Spaltpilze sich durch Berührung mit der Luft leicht zersetzen. Sie können demnach nicht in Betracht kommen, um die Schädlichkeit der Friedhöfe festzustellen.

Aber die Bakterien, die mikroskopischen Pilze, die schrecklichen Kugelbakterien? — Nun, auch diese schrecklichen mikroskopischen Zerstörungskräfte zerstören sich selbst bei der langsamen Verbrennung im Schosse der Erde, sobald die faule Gährung begonnen hat; es lässt sich die Thatsache anführen, dass das Karbunkelgift aus den Leichen der an Karbunkeln verendeten Tiere verschwindet, sobald Verwesung eintritt (Pasteur et Collin). Endlich sind die auf den Pariser Friedhöfen von Miquel ausgeführten Untersuchungen sehr lehrreich; dieselben haben sichergestellt, dass auf den Friedhöfen keine anderen Entstehungsursachen specieller Keime vorhanden sind als an allen anderen Orten.

Miquel hat auch festgestellt, dass der Wasserdunst, der sich von der Erde, von den Flüssen und von den in Verwesung begriffenen Körpern erhebt, stets mikrographisch rein ist, d. h. keine Kugelbakterien enthält; dass die Gase, die von begrabenen Körpern herrühren, stets frei von Bakterien sind; dass die unreine Luft, die man durch faulendes Fleisch strömen lässt, statt sich mit Kugelbakterien zu füllen, vollständig gereinigt wird, jedoch unter der Bedingung, dass dieser unreine Filtrierstoff so feucht sei wie die Erde in einer Tiefe von 30 cm.

und Knochen und sehr wenig Fleisch, so dass sie sich
im Innern der Erde in Mumien verwandeln und dann
sehr langsam in Staub zerfallen.[1]) So denken auch die
Herren Depaul, A. Leclerc und F. Riant.

Professor Zinno macht ferner auch darauf aufmerksam, dass der mechanische Druck, den die Erde
auf den Körper des Beerdigten ausübt, gewisse chemische
Vorgänge, die im Leibe selbst stattfinden, erschwert
und hindert. Er sagt folgendes: Der Druck hindert
und ändert im Gegenteile schon an und für sich manche
chemischen Vorgänge innerhalb und ausserhalb der
Leiche, so dass meist flüssige Produkte entstehen, die
von dem unterhalb der Grube befindlichen Erdreiche
aufgesogen werden und mit demselben anorganische
und halb organische chemische Kombinationen ein-
gehen, welche, da sie fest sind oder sich wenigstens
nicht verflüchtigen können, in keiner Weise zu schaden
oder auch nur den Geruchsinn der Anwesenden zu be-
leidigen vermögen, wenn die Grube gefüllt und wohl
angelegt ist.[2]) Ich will bei dieser Gelegenheit berichten,
was mir am 1. April 1870 widerfuhr, da ich der Exhumierung meiner kleinen elfjährigen Schwägerin bei-
wohnte, die vor fünf Jahren gestorben und auf dem
Friedhofe zu Padua begraben worden war. Keinen
üblen Geruch strömte der Leichnam aus, der in dem
Sarge, welchen ich öffnen liess, in einer aschfarbigen,
klebrigen Flüssigkeit schwamm. Die geschwärzten Holz-
wände des Sarges trugen keine Spur von Durchschwitzung. Solches geschah und wurde bei vielen
Exhumierungen konstatiert. Wenn nun dieses in einem
geschlossenen Sarge stattfindet, so lässt sich denken,
um wie viel rascher die Verzehrung und Aufsaugung

›Die Krematisten mögen also ihr Apostolat des menschlichen Beefsteak fortsetzen; nur mögen sie nicht die Wissenschaft, die Hygieine, die Chemie hineinziehen, da letztere mit
jenem nichts gemein haben . . . Wir werden fortfahren, uns für
liberal und fortschrittlich gesinnt zu halten, obschon wir keine
Krematisten sind Und wir wollen noch weiterhin zugeben,
dass die wohlangelegten und wohlbeaufsichtigten Friedhöfe
auch ferner jene Schmerzensfelder seien, jene Stätten des Gebetes und der Erinnerung für Tausende, welche durch die
Eingebungen der Dichter und Künstler nur an Liebreiz gewinnen.‹

[1]) Neue Blumenlese, September 1874, S. 28.
[2]) Franz Zinno, Über Beerdigung, Erhaltung und Verbrennung der Leichen. Palermo 1873, S. 12.

des Leichenstoffes vor sich geht, wenn Durchschwitzung durch die Poren des Holzes eintritt und infolge dessen Fäulnis, Umwandlung und Assimilation mit dem umgebenden Erdreiche beginnt. Es ist daher bewiesen, dass die Erde eines der mächtigsten Desinfektionsmittel ist. Mantegazza sagt, dass eine Schichte von wenigen Centimetern Erde eines der mächtigsten Desinfektions- und Isolationsmittel verwesender Körper ist und ein wenig Thon hinreicht, eine Mistgrube ringsherum unschädlich zu machen, die doch mehr in Zersetzung begriffene Organismen enthält als ein Feld, das in seinem Innern tausend Leichen birgt.[1]) Wenn wir aber auch zugeben, dass der Boden eines Friedhofes zur Aufsaugung ungeeignet, weil schlecht gewählt sei und dass daher wegen der Porosität der Erde sich schädliche Miasmen ablösen können wie z. B., was am meisten zu fürchten wäre, die Kohlensäure, das Schwefelwasserstoff-Ammoniak, der Schwefelwasserstoff, der Phosphorwasserstoff und andere ähnliche Gase; so würde doch schon das Gras, das auf dem Friedhofe wächst, sowie die Vegetation der Umgebung solche Ausdünstungen als natürliche Nahrung gierig aufsaugen, und das Ammoniakgas würde die Weizenähre nähren, die euch das tägliche Brot giebt; oder diese Gase würden in einem Ocean von Luft verdünnt, der sie modifizierte und verwandelte. Derselbe Luftstrom, von dem Dr. Ayr behauptet, dass er die schädlichen Dünste von den Friedhöfen bringe, ist es vielmehr, der die Luft reinigt, wenn sie verunreinigt wird.

In der That schreibt hierüber Professor Dominikus Ragona, Direktor des königlichen Observatoriums in Modena: Es sind die heftigen Winde, die von Zeit zu Zeit die Luft der grossen Städte gründlich erneuern, die üblen Ausdünstungen und die Keime der Ansteckung zerstreuen und unschädlich machen, indem sie dieselben über unendliche Teile der Erdoberfläche verbreiten. — Il en est de l'air comme de l'eau, sagt Flammarion, le mouvement seul les conserve.[2]) Auch Miquel entdeckte keine Spur von zerstörenden Gasen noch auch Kugelbakterien in der Luft wohlgehaltener Friedhöfe.

Wer daher reiflich darüber nachdenkt, dem drängt es sich natürlich auf, dass obigen Auseinandersetzungen

---

[1]) Loc. cit. S. 27, 28.
[2]) Prof. Dominicus Ragona, I venti impetuosi. Lektüre S. 41.

zufolge der Zweck derjenigen, die so viel gegen die Friedhöfe deklamieren, sicherlich nicht die öffentliche Hygieine, sondern wohl ein anderer ist, den der Vorwand der öffentlichen Hygieine verkleidet und verbirgt.

Denn wenn diese Schreier wirklich der rechte Eifer für die öffentliche Gesundheit beseelt, warum stürzen sie alsdann nicht mit gleichem Eifer (wie gegen die vermeintliche und nicht wirkliche Verderbnis der Luft durch die Friedhöfe) auf andere bewiesene Ursachen atmosphärischer Verderbnis los? Weshalb bekämpft man nicht mit derselben Hitze und ohne Pardon die von Sümpfen herrührenden Miasmen, die nach der Äusserung Simonats auf dem allgemeinen Kongresse der Ärzte ein grosses und schwieriges Problem darbieten? Überall, wo es Sümpfe giebt, sagt er, müssen wir dieses schreckliche Dilemma ins Auge fassen: entweder die Sümpfe vernichten oder von ihnen vernichtet werden. Diese Angelegenheit ist offenbar weit wichtiger als jene der Friedhöfe.

»Wenn aber auch,« sagt Professor Selmi, »das Problem ein rein finanzielles wäre, würde uns dann nicht dennoch fortwährend die Möglichkeit vor Augen schweben, dass die ersten, welche die Arbeiten in Angriff nähmen, auch die traurigen Folgen davon tragen müssten? Es ist bekannt, dass überall, wo ein Land bevölkert wird, die Verderbnis der Luft schwindet (sic); es ist aber auch bekannt, dass die ersten Versuche für die Bewohner auf jene furchtbare Gefahr hinauslaufen, welche die Bewohner der Abruzzen so poetisch andeuteten. Der eiserne Wille Napoleon I. hatte sie ihren Bergen entrissen und sie gezwungen, die pontinischen Sümpfe zu bewohnen. Da antworteten sie betrübt jenen, die sie fragten, ob sich's daselbst leben lasse: Nein, o nein, aber sterben lässt sich's.«[1])

Doch die pontinischen Sümpfe wurden von den Papst-Königen ausgetrocknet, die Napoleon I. der Krone beraubte und einkerkerte. Und von den Maremmen, deren Mal'aria das schreckliche ansteckende Fieber hervorbringt, wurden viele durch die Lothringer, die gegenwärtig der Krone und des Thrones beraubten Grossherzoge von Toskana ausgetrocknet; denn das gegenwärtige Italien macht es nicht wie die toskanische

---

[1]) Selmi. Il miasma palustre, S. 17.

trockene Krätze: es trocknet einfach die Taschen aus und lässt die Maremmen im Frieden.

Lassen wir nun den bitteren Scherz beiseite. Wenn es diese Naseweisen wirklich sticht, die öffentliche Hygieine zu schützen, weshalb werden dann jene zur Errichtung thörichter Monumente, unnützer und, wie wir sehen werden, der Hygieine schädlicher Kremationstempel und Öfen bestimmten Gelder nicht behufs Austrocknung der Sümpfe, der Maremmen, der vielen sumpfigen Landschaften Italiens ausgespendet? Warum wird die römische Campagna nicht urbar gemacht? Es würden sich daraus ungeheure Vorteile ergeben. Das hiesse wahrhaft die öffentliche Gesundheit fördern; die Atmosphäre würde verbessert, die Ansteckung verhindert, vieler Leben würde gerettet werden. Ackerbau und Handel würden begünstigt, das Kapital würde vermehrt, die öffentlichen und privaten Einkünfte und Gründe würden vervielfacht; es würde das Übel der Auswanderung aufhören, das dem Ackerbau so viele Arme entzieht und so viele unbeweinte Opfer auf den Ebenen des fernen, verhängnisvoll gastfreundlichen Amerika ins Verderben führt.

An die Sümpfe, an die Maremmen wendet, Menschenfreunde, euere Bemühungen! Allein solches geschieht nicht, unter dem eitlen Vorwande, ein derartiges Unternehmen sei zu gross. Der wahre, innere Grund aber ist, dass man durch Trockenlegung der Maremmen und Sümpfe keinen Dolchstoss gegen die Gebräuche der katholischen Kirche führt, wie dies stattfindet, wenn man die Aufhebung der katholischen Friedhöfe predigt. Das ist alles!

Wollt ihr die Verderbnis der Luft beseitigen? — Warum duldet ihr dann die Kalkperphosphat- und die Tischlerleimfabriken? Tischlerleim wird aus den vom Fette befreiten Knochen gewonnen; diese Fabriken verbreiten einen Verwesungsgeruch im Umkreise von mehr als zwei Kilometern. Weshalb werden dieselben nicht auf eine Insel beschränkt oder auf die wüsten Felsen des Meeres versetzt? — Während ich diese Zeilen schreibe, lese ich in einem Mailänder Journal eine gerechte Klage der Bewohner der Verschanzungslinie am Tessinischen und am Ludwigsthore wegen eines mit Knochen und faulem Fleische gefüllten Karrens, der allnächtlich durch jene Gegend fährt und ein so pestartiges Miasma zurücklässt, dass man gezwungen ist,

die Fenster hermetisch zu schliessen. Diese Knochen
und dieses Fleisch stammen von dem Stabilimento Cur-
letti in der Via Alzata Pavese her und sind dazu bestimmt, per Bahn an einen Tischlerleimfabrikanten ver-
sendet zu werden. Solches duldet man in Mailand,
der Wiege der Kremation, zur Zeit einer Cholera-
epidemie (Juli 1886). Und Pini schreit und protestiert
nicht? Und die Hygieine? Diese Thatsache zeigt um
so mehr, wessen Geistes die Kremationsfreunde sind.
Die Hygieine ist der allerletzte Zweck. Weshalb duldet
man die Auslösungsstätten der Seidenwürmer? Auch
lässt man in der Nähe der Wohnungen die Reisfelder,
die Stauwiesen und die Rösten des Hanfes unbehelligt.
Weshalb entsumpft man nicht die Gegenden von Novara, von Mantua, einen grossen Teil des venetianischen
Aestuariums, die Sümpfe von Comacchio, jene bei
Chioggia, Piombino u. s. w.? Weshalb macht man die
Kremation, wenn sie ein sicheres Gesundheitspräservativ
ist, nicht für alle Äser der Tiere, wie Hunde, Pferde,
Esel u. dgl. obligat? Doch braucht man gar nicht so
weit zu gehen. Warum vertreibt man nicht den Mephy-
tismus aus den Wohnungsnestern der Armen, aus jenen
widerlichen Hütten, wo jene in Fäulnis vergehen, wo
es an Luft und Licht fehlt, wo die Wände klebrig sind,
die Atmosphäre verdorben und unerträglich ist; wo der
grösste Teil der Einwohner unserer Städte an krebs-
artigen leiblichen Schäden dahinsiecht und in der
schrecklichen Fäulnis des tiefsten sittlichen Verderb-
nisses, in den Höhlen des Lasters und der Prostitution
vegetiert?

Die sogenannte Ausweidung grosser Städte, die
so oft vorgeschlagen, aber niemals ausgeführt wurde,
wäre weit mehr zu befürworten als die Aufhebung der
unschädlichen Friedhöfe. Die Hygieine und die öffentliche Sittlichkeit würden jene wahrlich erheischen.

. Unter den verschiedenen Ursachen der Luftver-
pestung nannten wir vorübergehend die Reisfelder und
Stauwiesen; da dieselben jedoch in die hygieinisch-
ökonomisch-sociale Frage hineingezogen werden, erscheint es nötig, derselben besonders·zu erwähnen.

Was die ersteren betrifft, so hielten die Gesetzgeber fest, dass sie der öffentlichen Hygieine schädlicher
seien als die Friedhöfe; denn das Gesetz über öffentliche Gesundheitspflege verordnet im Artikel 60, die
Friedhöfe mindestens 200 m. von den Wohnungen ent-

fernt anzulegen, während seit dem 3. Februar 1809 ein
italisches noch in Wirksamkeit stehendes Dekret fest-
setzte, dass die Entfernung eines Reisfeldes von der
Hauptstadt mindestens 8000 m. und von den Kommunen dritter Klasse, d. i. von jenen Feldern, wo mehr
Luftzug herrscht und wo sich die Windströmungen be-
merkbar machen, 500 m. betragen müsse. Für die
Stauwiesen genügten im ersten Falle 1000, im zweiten
500 m. Daraus geht ganz klar hervor, dass der Gesetzgeber die Reisfelder und Stauwiesen für schädlicher
hielt als die Friedhöfe.

Burci, Referent über den Gesetzentwurf für den
Codex sanitatis im Senate des Königreiches, wo, wie
der Kremationsfreund Selmi sagt, die Ansichten der
berühmtesten italienischen Ärzte über diesen Gegenstand vollständig zur Geltung kommen, äussert sich
folgendermassen: Ich habe gesagt und ich wiederhole,
dass die Reispflanzungen der öffentlichen Gesundheit
schädlich sind; ich sage dies als Arzt. Und bei einer
anderen Gelegenheit sagt er: Ich muss gestehen, dass
alle Ärzte, namentlich jene, die sich mit der Hygieine
und der Pflege der öffentlichen Gesundheit beschäftigen,
durch Erfahrung zum Schlusse gelangt sind, dass die
Reisfelder die Gesundheit der Bevölkerung schädigen,
und solches festgestellt haben, weil die mit diesen
Pflanzungen gemachten Versuche ihre Schädlichkeit
klar erwiesen haben.[1]) Da nun die Schädlichkeit der
Reisfelder für die Gesundheit erwiesen war; so machte
sich der berühmte Professor Selmi, wie er nach Art
der Gelehrten bezüglich des Sumpfmiasmas gethan, an
das Studium der Mittel, diese Gesundheitsschädlichkeit
zu vermindern oder nach dem modernen Ausdrucke zu
paralysieren. Und daran that er äusserst wohl. Weshalb behandelt man nun die Reisfelder, die Stauwiesen
und die Friedhöfe nicht auf gleiche Weise, wenn wir
einen Augenblick zugeben wollten, dass diese ebenso
schädlich seien wie jene? Das Warum ist klar: Die
Reisfelder und Stauwiesen sind nicht christlich, wie es
die Friedhöfe sind. Ich bin des Glaubens, sagt Matteucci, dass die Kremation der Leichen nicht bloss
hygienischen Zwecken zu dienen bestimmt sei; es liegt
noch etwas anderes darin. Es steckt darin eine philo-

---

[1]) V. Selmi. Riso e Risaie S. 181.

sophische Lehre, welche unvermerkt aus vielen Argu-
mentationen meiner Gegner fliesst.[1]) Und diese Dok-
trin ist uns bekannt. Doch schreiten wir vorwärts.
Dr. Felix Dall'Acqua, der Bezwinger aller Kremations-
gegner, zählt unter die Vorteile der Kremation, dass
sie die organische, faulende und zersetzende Verunreinigung des Trinkwassers aufhebt. Untersuchen wir
auch diesen Punkt.

Die Gegner räsonnieren beiläufig wie folgt. Das
vom Himmel fallende Wasser tränkt das Erdreich des
Friedhofes, fliesst über die verwesenden Leichen,
schwängert sich mit Elementen, die sich von denselben
ablösen, sickert weiter, trifft Wasseradern, welche
Brunnen speisen und vergiftet dieselben. Vom Genusse
dieses vergifteten Wassers rühren dann alle jene Übel
her wie Fieber, Halsleiden u. s. w. Wir sind keineswegs so einfältig, im vorhinein zu leugnen, dass ein
Wasser, welches Zersetzungsprodukte enthält, die von
Leichen herrühren, ungesund sei oder mit der Acqua
Pia oder Marcia in Rom, die wegen ihrer Vortefflich-
keit und Güte so berühmt sind, gerade im Gegensatze
stehen; wir geben vielmehr die Behauptung unserer
Gegner zu; wir stellen ihnen bloss die Frage, ob es
möglich sei, dass ein mit zerstörenden Elementen geradezu gesättigtes Wasser nach allen jenen Filtrierungen
und Durchgängen durch ein Läuterungsmittel wie die
Erde ist, nach tausend Umwandlungen, die es durch
diesen Destillierkolben und dieses Filtriertuch erfahren,
seine zerstörenden Eigenschaften noch beibehalten
könne. Wenn es sich verhielte, wie die Krematisten
sagen, würden wir zur Stunde allesamt vergiftet sein;
denn die Masse der Leichen von der Schöpfung bis
zur Gegenwart würde dem heutigen Volumen der Erde
gleichkommen; so zwar dass wir nur auf Leichenüber-
resten dahinschreiten, nur Luft einatmen, die mit
Leichen in Berührung gekommen, nur solches Wasser
trinken. Dies ist aber nicht also; denn in diesem
ganzen Jahrhunderte langen Zeitraume hat die Erde
alle jene Stoffe, die einzeln und sich selbst überlassen
thatsächlich schädlich wären, in wohlthätige Elemente
verwandelt, die zur Erhaltung der Schöpfung nützlich

---

[1]) Matteucci Pellegrino. La cremazione dei cadaveri com-
battuta nei suoi rapporti storici, chimici, sociali, giuridici e
religiosi Bologna Typ. Felsinea 1875, S. 6.

und notwendig sind. Wir entgegnen daher den Kre-
mationsfreunden, dass nichts beweist, wer zu viel
beweist.

Vorläufig angenommen, dass die Krematologen
im allgemeinen die Wahrheit behaupten, so betonen
wir andererseits, dass wenn es einen Ort giebt, wo
sich die schädliche Verderbnis des Wassers durch
Leichen handgreiflich offenbaren müsste, es sicherlich
jene Gegenden sind, – und es giebt deren viele —
wo die Friedhöfe auf Hügeln angelegt sind, an deren
Fusse Weiler, Dörfer oder Städte liegen. Es bemerkt
hierüber der Kremator Professor Polli: Abgesehen von
Epidemien . . . müssen diese unverbrannten Leichen,
die einen Teil des die bewohnte Gegend umschliessen-
den Bodens ausmachen, notwendig auch das Trinkwasser verunreinigen. Das Wasser, welches wir namentlich in Städten trinken, in denen es (wie in Mailand)
weder Wasserleitungen noch Fluss- oder Seeufer giebt,
und das man folglich aus Brunnen schöpft . . . kann
kein anderes sein als Regenwasser, das in den Boden
eindringt, durch die Leichen fliesst und in seinem
Bette die lösbaren Bestandteile derselben mit-
führt. In den Städten wie Mailand liegt der grosse
monumentale Friedhof an der Nordseite, welche er-
höht ist und zwar nur 150 oder 200 m. von der Stadt
entfernt. Wer kann bezweifeln, dass das Wasser,
welches auf jene geräumige Stadt von Grabmälern und
Grabhügeln herabfallen wird, indem es in der Folge
tief in den Boden eindringt (also bis jetzt ist es noch
nicht eingedrungen), zu den Wasseradern gelange, die
unsere städtischen Brunnen speisen? Und geschieht
dies nicht sogleich, so ist doch unleugbar, dass es
mit der Zeit geschehen muss und dass unsere Nachkommen es fühlen werden.[1])

Dr. G. Ayr war den Behauptungen des Dr. Polli
zuvorgekommen und sagte, die öffentliche Hygieine
habe bemerkt, dass die Abflüsse der Leichen aus den
in den Städten gelegenen Friedhöfen häufig (diesmal,
also nicht immer) mit dem Wasser der verschiedenen
Kanäle in Berührung kämen, dasselbe verunreinigten
und dadurch Krankheiten verursachten, und als Belege
dazu führt er die Vorstädte Rotondella und Bollita an,
deren Friedhöfe nahe an den Wohnungen und zwar

---

[1]) Annalen auf die Medizin angewandter Chemie 1873, S. 319.

auf einer etwas erhöhten Fläche liegen: Unterhalb
liegen Wasserquellen, und die Bewohner derselben
(nicht der Quellen, sondern wohlgemerkt, der Vorstädte) machen von diesem Wasser täglich Gebrauch.
Sicherlich sind jene Quellen das Produkt des Wassers,
das vom Himmel fällt, und enthalten aufgelöste kada-
verische Elemente.[1]) Wohlan, sagen wir; es müssen
somit die Bewohner von Rotondella und Bollita, die
täglich ein Wasser voll aufgelöster Leichenbestandteile
trinken, notwendigerweise, wenn nicht tot, so doch
fortwährend krank sein, so dass jene zwei Vorstädte
geradezu zwei Lazarethe sein müssen. In Wirklichkeit
sind sie dies aber nicht. Also muss das Wasser, wenn
es auch vom Friedhofe kommt, bevor es zu den Quellen
gelangt, jedenfalls solche Wandlungen durchgemacht
haben, dass es zum mindesten unschädlich geworden
ist. So möchten wir meinen. Es scheint uns keiner
grossen Geistesanstrengung und keines bedeutenden
Aufwandes an Logik zu bedürfen, um zu unserem
Schlusse zu gelangen, der durch eine fortdauernde
handgreifliche Thatsache bekräftigt wird. Wir wollen
eine solche anführen. Zu Conegliano liegt der Friedhof auf einer Anhöhe, und dennoch, wer dürfte sagen,
dass diese freundliche Stadt nicht der Typus eines
Ortes sei, wo man sich vollkommener Gesundheit und
bedeutender Langlebigkeit erfreut?

Der berühmte Professor Casalis untersuchte das
Wasser vieler nächst Friedhöfen gelegenen Brunnen,
mit dem die Bewohner der Umgegend ihren Durst
löschen: er fand in diesem Wasser viele organische
Substanzen nebst Salpetersäure. Entweder trifft nun
das eine zu oder das andere; so urteile ich hierüber
mit Pellegrino Matteucci. Entweder sind diese Substanzen nicht schädlich, oder man muss erkranken,
wenn man von diesem Wasser trinkt; es ist jedoch
gewiss, dass jene organischen Substanzen nicht schädlich sind; denn wer von jenem Wasser trinkt, erfreut
sich ebenderselben Gesundheit wie so viele andere, die
ihren Durst aus einer klaren Quelle stillen.[2]) Carnot,

---

[1]) Annalen auf die Medizin etc. Dezember 1872 siehe: Die
Kremation und die Hygieine, Brief an den Comm. Polli S. 349.
[2]) Matteucci Pellegrino. Die Kremation der Leichen, in
ihren historischen, chemischen, socialen, juridischen und religiösen Beziehungen bekämpft. Bologna 1875, S. 12.

Professor an der Montanschule in Frankreich, analy-
sierte, wie der berühmte Rota bemerkt, zwölf Wasser-
proben aus verschiedenen Pariser Friedhöfen. Man
weiss, dass der Friedhof Père La Chaise auf einem
Hügel, somit in Bezug auf die Durchsickerung des
Wassers äusserst ungünstig liegt. Der gelehrte Fran-
zose fand bei seiner Analyse die erwähnten Proben
reich an mineralischen Salzen, insbesondere an schwefel-
saurem Salze und kohlenstoffhaltigem Kalke von wegen
des steinigen Bodens und kaum einige Spuren organischer Substanzen. In jenen Wassern wurden keine
merklichen Spuren von Salmiak gefunden, wohl aber
salpetersaure Salze.[1])

Daraus zog die von der Präfektur der Seine er-
nannte Kommission den Schluss, dass die daselbst
übliche Beerdigung hinreiche, die Lebenden vor der
Ansteckung der Toten zu bewahren. Das Wasser
nächst dem monumentalen Friedhofe zu Mailand, dessen
Lage wegen der Luftströmung ebenfalls eine ungünstige
ist, wurde durch Professor Pavesi untersucht und als
nicht verunreinigt befunden, während solches in den
Brunnen der inneren Stadt vorkommt. Wie erklärt
nun Professor Polli diesen Vorgang? Mussten nicht
die nahe beim Friedhofe gelegenen Brunnen früher verunreinigt sein als jene in der Stadt? So waren also
die letzteren verunreinigt, bevor man den Friedhof angelegt, und sicherlich aus anderen Gründen.

Das Wasser von Mont Parnasse zu Paris wurde
durch die vorgenommene Analyse als solches von rein-
ster Qualität befunden. ·

»Als ich,« schreibt der beklagte Matteucci, »im
vergangenen Herbste (1874) zu Fuss über unsere hohen
Apenninen wanderte und mich soeben gegenüber Casti-
glione di Pepoli befand, hielt ich mich auf, so oft ich
eines Friedhofes ansichtig wurde. Die Friedhöfe sind
in jener Gegend zumeist auf schiefen Flächen und mit
Vorliebe dort angelegt, wo eine nordische Luftströmung
herrscht. Unterhalb eines derselben entspringt in vollkommen paralleler Richtung eine Wasserquelle, welche
mehrere Menschengenerationen getränkt hat und noch
wer weiss wie viele tränken wird. Wohlan, in jener
Gegend sind Epidemien eine unbekannte Sache, und

[1]) Dr. Anton Rota. Die Verbrennung der Leichen. Venedig, Typ. Emiliana 1882.

der Cholera des Jahres 1855 fiel nicht ein einziger zum
Opfer. Den letzten Beweis, den ich zur Erhärtung der
Zuträglichkeit jenes Wassers vorbringe, entnehme ich
einem Pariser Friedhofe. Der vor wenigen Jahren zer-
störte Friedhof des Innocents zu Paris ist sicherlich
eines der vollkommensten Beispiele unbeabsichtigter
Sättigung, da man in den untersten Schichten ein Fett-
lager entdeckte, das — ich berichte es schaudernd —
einer Gesellschaft verhasster Industrieller dienen musste,
die Häuser von Paris mit Stearinkerzen zu beleuchten.
Es ist ausser Zweifel, dass, wenn es einen Ort gab,
wo eine unterirdische Verbindung organischer Stoffe
mit den Wasseradern zu befürchten stand, dies in
jenem Friedhofe der Fall war, da durch denselben die
grosse Hauptader zog, die den bevölkertsten Stadt-
vierteln der französischen Hauptstadt Wasser zuführt.
Und doch hat die Wissenschaft keinen einzigen Fall
einer Epidemie beklagt, deren Ursache in der Verunreinigung des Wassers gefunden worden.«[1])
    Bis jetzt haben wir also unsere Thesis durch die
Autorität berühmter Gelehrter und Hygieiniker sowie
durch Thatsachen gerechtfertigt und behauptet, das
Trinkwasser, auch das durch einen Friedhof sickernde,
könne im Hinblicke auf die Umwandlungen und —
wohl dürfen wir im vorliegenden Falle auch sagen —
Reinigungen, die es erfährt, indem es durch die Kanäle
des Erdbodens sickert, Quellen bildet oder verstärkt,
die den Bedürfnissen des Lebens dienen sollen, auf
reinigende Schichten stösst, die es durchdringt und die
es von jenen zerstörenden Elementen befreien, welche
es enthalten mag, keinen Schaden leiden. Da wir
jedoch die Beteuerungen nicht lieben, auch wenn dieselben auf unleugbaren Thatsachen beruhen, so wollen
wir unsere Behauptung als eine apodiktische hinstellen.
    Da wir uns aber nicht mit fremden Federn
schmücken wollen, so sagen wir gleich im vorhinein,
dass wir uns in dem, was wir sagen, an den gelehrten
Jesuiten Steccanella halten werden, welcher folgendermassen raisonniert.
    Nicht alles Wasser, das vom Himmel auf die Fried-
höfe herabfällt, dringt durch den Boden und vereinigt
sich mit den unterirdischen Wasseradern. Charnok,

---

[1]) Matteucci, op. cit. S. 12, 13.

Delacroix, Dalton u. a. beobachteten, wie viel die Erde
davon aufsauge, und sie gelangten zum Schlusse, dass
zwei Drittel des Regenwassers an der Oberfläche in die
Gräben und Flüsse abfliesse oder verdunste und nur
ein Drittel von der Erde aufgesogen werde. Nun bilden aber die Leichen im Friedhofe keineswegs ein
Pflaster oder einen dichten Grund; sondern die Gruben
müssen jederzeit vierzig Centimeter voneinander entfernt sein, und zwischen je zwei Reihen von Gruben
muss ein grösserer Raum ausgespart werden, der als
Weg dient, welcher zu den verschiedenen Abteilungen
des Feldes führt, so dass im Friedhofe viele freie Erde
übrig bleibt, die auf eigene Rechnung jenes Drittel des
Regenwassers zum Teil aufsaugt, während das übrige
von den Särgen und endlich von den Leichen absorbiert wird, woraus hervorgeht, dass auf die letzteren
der geringste Teil des Regenwassers entfällt. Aber auch
dieser geringste Teil vereinigt sich nicht ganz mit den
unterirdischen Wasseradern; vielmehr nur das von der
Tränkung des Bodens übrigbleibende Wasser wird auf
seinem Laufe der Wasserader begegnen, die vielleicht
die unteren Bodenschichten durchzieht. Zieht man dies
alles in Betracht und reduziert die bedeutenden, gefürchteten Durcksickerungen auf ihr thatsächliches Mass,
so erscheinen dieselben nur mehr als einige Tropfen,
deren Wirkung man, ob nun die Wasseradern, mit
denen sie sich vereinen, gross oder klein, keinesfalls
beachten sollte. Setzen wir aber den Fall, dass sich
das Erdreich in dem der Durchdringlichkeit günstig-
sten Zustande befinde und dass der Untergrund des
Friedhofes vielfach von Wasseradern durchkreuzt sei:
so ist doch auch in diesem Falle die Furcht eitel. Die
Krematisten haben vergessen, dass es dem Erdreiche
eigen ist, das Wasser, in welchem sich viele aufgelöste
Stoffe befinden, zu klären. Doch dem Trinkwasser genügt Klarheit nicht; es ist auch notwendig, dass es
von jenen Elementen gereinigt werde, die, wenn sie
sich darin aufgelöst vorfinden, ohne dessen Klarheit zu
trüben, es doch schädlich machen. Deshalb muss man
dem infizierten Wasser das Übermass an Salmiak nehmen, muss dem üblen Einflusse des Stickstoffes in demselben Einhalt thun, muss ihm jene Dosis Sauerstoffes
zurückerstatten, die dem Trinkwasser zukommt und
sich unter dem Einflusse der faulenden Stoffe verringert
hat. Dieser Vorgang würde durch die Würzelchen der

Pflanzen ungemein gefördert: doch finden sich solche
in dem Wasser, das ein oder zwei Meter unter der
Oberfläche im Durchgange zwischen den Grabstellen
Verunreinigung erfährt, nicht vor. Es bleibt nur der
Einfluss des Erdreiches, und dieser genügt zu dem
Zwecke. Die Kommission für Reinigung des Seine-
wassers liess im städtischen Laboratorium zu Glichy
eine zwei Meter hohe Kiste bis zum Rande mit Erde
und Kiessand und ebenso ein fünfzig Centimeter tiefes
Krystallgefäss füllen und mehrere Monate hindurch das
unreine, übelriechende Wasser der Seine daraufgiessen.
Sowohl die eine als auch die andere Vorrichtung genügte, um dasselbe vollständig zu klären. Alle darin
aufgelösten Stoffe waren verschwunden, da sie jener
künstliche Boden aufgefangen hatte, durch den sie ge-
drungen waren. So sehr taugt dieser zur Reinigung;
denn dieser zubereitete Boden weist einerseits eine zu-
rückhaltende Kraft bis zu 80 % kohlensauren Ammo-
niaks und 74 % kohlensaurer Pottasche auf; andererseits
wird das Wasser bei seinem Falle einem oxydierenden
Vorgange unterworfen, der auf die stickstoffhältigen
oder faulenden Stoffe so energisch wirkt, dass sie aus
dem Zustande organischer Substanzen in jenen stick-
stoffhaltiger oder mineralischer Substanzen übergehen,
welche, da sie gährungsfähig, durchaus unschädlich
sind, solange sie in einer gewissen Wassermenge verdünnt erscheinen.[1]) Später wiederholte man den Ver-
such mit weit grösseren Verhältnissen und denselben
Erfolgen auf den Ebenen von Le Gennevilliers, indem
man einen grossen Teil derselben mit den Eaux des
collecteurs bewässerte.

Infolge dessen wurde dieses Wasser, das früher
trüb und übelriechend gewesen war, nicht nur als ge-
klärt, sondern als gereinigt befunden. Dieselben Resul-
tate erzielte in England Dr. Frankland. Wir wollen
also mit der weisen Bemerkung des Dr. Bouchardat
schliessen, dass die Beschuldigung der Friedhöfe bezüglich der Verpestung des Trinkwassers nichts anderes
sind als eine Verwirrung der öffentlichen Meinung, und
wir fügen die Frage hinzu: weshalb deklamiert man
nicht mit derselben Wut gegen das Wasser, welches von
Schwundgruben, Waschhäusern, Fabriken künstlichen
Düngers, Leimfabriken sowie von zahlreichen Werk-

---

[1]) Civiltá Cattolica anno 1876. Bd. II. Seite 561, 562, 563.

häusern herfliesst, wo täglich giftige und verpestende
Stoffe in Verwendung kommen; von Gerbereien, Sei-
denfabriken u. s. w.? Die entfernte Ursache ist diese.
Gegen alle diese wenn auch tausendmal schädlicheren
Dinge erhebt man sich nicht, weil dieselben das christliche Gefühl nicht berühren, welches man niederschlagen
und ersticken will.

Da wir nunmehr die Beerdigung und die Friedhöfe von den schweren Beschuldigungen gereinigt haben,
welche unsere Gegner aus blossem Parteihass auf diese
Institutionen schleudern; da wir ihre Scheingründe nie-
dergeschlagen, ihre Sophismen verspottet, ihre schwache
Seite hervorgekehrt und den sie belebenden Geist ans
Licht gezogen haben; so wollen wir nun dasjenige
prüfen und betrachten, was sie uns vorschlagen, nämlich die Kremation an und für sich. Leicht ist's, zu
zerstören, schwer aber, wieder aufzubauen und zu ersetzen. Mit einem Worte: wäre die Kremation etwa,
— abgesehen von dem geheimen Zwecke, der sie beseelt und der uns vollkommen klar einleuchtet — der
grösseren Garantien halber, die sie für den Schutz der
öffentlichen Gesundheit bietet, den Friedhöfen vorzu-
ziehen? Kurz, wäre sie hygienischer als die Beerdigung?
Wir wollen sehen.

Vor allem, was ist die Kremation, chemisch aus-
gedrückt? Lassen wir den Kremationsfreund par ex-
cellence, Paul Gorini, antworten, der aus einem berühmten Taxidermiker, aus einem wütenden Erhalter der
Leichen plötzlich der ergrimmteste Zerstörer derselben
geworden ist. Doch allerdings, die Weisen ändern
öfters ihre Ratschlüsse! Darum ward Paul Gorini aus
einem Einbalsamierer, einem Petrifikator der Toten,
Hieronymus Sorgato nacheifernd, der Purifikator der
Toten durch das Feuer.

Folgendes ist nun die Theorie unseres Vulkan-
fabrikanten, dieses durch die Bewunderer seines freimaurerischen Materialismus forcierten Gelehrten.

»Die Natur,« so schreibt er, »entnahm der Erde,
um den menschlichen Organismus zu bilden, einige
feste Elemente zum Entwurfe; dann bildete sie aus
flüchtigen Substanzen, die sie der atmosphärischen Luft
entnahm und gehörig mischte und verdichtete, dessen
Gewebe. Nach dem Tode heischt sie die Materie des
Leichnams zurück, um dieselbe zur Fabrikation neuer
Lebender zu verwenden; und sie will die Substanzen

wie früher getrennt zurückerhalten, auf dass der Erde
und der Atmosphäre das wiederum werde, was ihnen
zugehört. Das Vorrecht der Intelligenz ermöglicht es
dem Menschen, die natürlichen Vorgänge grösstenteils
zu befördern, zu zügeln oder auch vollständig hintan-
zuhalten. . . Zur Auflösung des menschlichen Körpers
bedarf die Natur notwendig der Wärme; mittels der
geringen Wärme der umgebenden Luft gelingt es ihr
zwar, denselben aufzulösen, jedoch nur langsam, schwer
und unvollkommen. Stellen wir ihr einen höheren
Wärmegrad zur Verfügung, so wird sie ihr Werk beschleunigen und vollkommener vollbringen können; wird
ihr aber in reichlichem Masse Wärme gewährt, so werden wir sie die zwei Bestandteile des menschlichen
Körpers in kürzester Zeit scheiden sehen, auf die schnellste
Weise und ohne irgend eine Unzukömmlichkeit zu verursachen. Dies wird durch die Kremation erreicht.«[1])

Abgesehen davon, dass uns bei dieser materialistischen und pseudo-wissenschaftlichen Behauptung
Gorinis zu Mute ist, als befänden wir uns in Fausts
Laboratorium, wo Wagner und Mephistopheles in der
Glasflasche auf dem Ofen die Mischung glänzen und
brodeln und endlich Homunculus daraus hervorkom-
men sehen; fällt es uns auf, dass Mutter Natur, die
arme Närrin, seit sie existiert, bis zum Augenblicke
der Operationen und der krematorischen Experimente
Paul Gorinis ihre Sache immer schlecht gemacht hat.
Gorini war eben notwendig, um sie zu belehren, wie
sie vorzugehen hatte!

Gehen wir jedoch näher auf diese Frage ein und
überlassen wir das Faseln den Neuerern, während wir
ihre Sache als Faktum in Untersuchung ziehen.

In der Aussicht, das Werk der Zerstörung und
Umwandlung, welches die Natur an den toten animalischen Körpern vollzieht, zu fördern, widersetzen sich
die Krematisten den Vorgängen der Natur selbst. Dieses
sagen nicht etwa wir, sondern sie sprechen es aus.
»Es ist nur zu wahr,« sagt Gorini, »dass die
Kremation ein gewaltsames Mittel zur Zerstörung der
Leichname ist, das von dem Vorgange der Natur
abweicht.«[2]) So wird es also, behaupten wir, durch-

---

[1]) Gorini Paul. Die Beerdigung der Toten durch das
Feuer. S. VII, VIII, IX.
[2]) Gorini op. cit. S. 39.

aus wahr sein, dass ihr, indem ihr euch gewaltsam
vom Vorgange der Natur entfernt, anders vorgeht, als
die Natur es festgesetzt, und daher etwa auch gegen
die Natur handelt, was wir seinerzeit zeigen wollen,
bis wir über die Ökonomie sprechen. Es bleibt jedoch
festgestellt, dass ihr euch der Natur widersetzet und
wider dieselbe handelt.

Die Kremation ist aber doch eine gänzliche Zerstörung der Leichen, so dass durch dieselbe der Leichnam ganz verschwindet und bloss eine unschädliche
Handvoll Asche übrig bleibt?

Wir sind der Ansicht, dass die Mehrzahl der
leichtgläubigen Anhänger der Kremation der festen
Meinung huldigen, dass die Verbrennung von einer
Leiche nichts übrig lässt als ein wenig Asche, und
dass sie aus diesem Grunde der Kremation huldigen.

Sie irren sich jedoch nur zu sehr!

Es ist unzweifelhaft, dass eine animalische Substanz
sich nicht ganz verzehrt, da ihre gasförmigen Elemente
entfesselt werden und sich in der Atmosphäre verflüchtigen. »Die Muskeln,« sagen die Doktoren Alois
Gabba und Emil Valsuani im Berichte an den Provin-
zialsanitätsrat von Mailand über die Verbrennung der
Leiche Kellers, »die weichen Teile, das Fett liefern
nur eine geringe Menge Asche; bevor sie jedoch zur
Asche werden, verwandeln sie sich in poröse, glänzende,
ausserordentlich leichte Kohle, die sich leicht zu äusserst
zarten Fragmenten zerteilt und zerblättert; diese werden vom Luftstrom in den Kamin geführt, wo sie zu
Russ werden gerade wie das Holz, das auf unserem
Herde brennt.« »Infolge meiner Experimente,« setzt
Brunetti hinzu, »habe ich die Überzeugung gewonnen,
dass sich die Knochen durchaus nicht in Asche verwandeln lassen; so sehr sie auch durch die Hitze zerbrochen, gespalten, verkrümmt und sogar zerbröckelt
werden, so bleiben sie nichtsdestoweniger immer
Knochen.«[1]) Und weiter unten heisst es: »Venini
mag sagen, was er will; ich halte ihm dennoch vor,
dass die Knochen immer Knochen bleiben, gleich-
wie die Asche immer Asche bleibt, wie ungeheuer
auch die Hitze sei, und wenn die Asche nicht vorhanden ist, so heisst das nicht, dass sie von der Hitze ver-

---

[1]) Brunetti. Verbrennung und Erhaltung der Leichen.
Padua 1884. S. 6.

zehrt, ätherisiert worden, wie er behaupten will, sondern dass sie vom Luftstrome, der doch notwendig, um eine so mächtige, teuflische Verbrennung zu erzeugen, exportiert und zerstreut worden ist.«[1]) Auch Professor Eduard Porro schreibt über diesen Gegenstand: Indem ich mir vorbehalte, ähnliche Erfahrungen zu machen, kann ich ohne Furcht, Lügen gestraft zu werden, behaupten, dass eine grosse Menge der verbrannten organischen Materie durch die Kraft des Feuerzuges samt der Asche des Brennmateriales fortgeführt wird und teils in der unteren Kammer des Schornsteins verbleibt, teils von der Gewalt des Zuges direkt durch den Schornstein hinausgeführt wird.[2]) Von einer Pariserin, einer gewissen Duval, die sich in Mailand verbrennen liess, blieb ein breites Stück Stirnbein, mit Blei besetzt, übrig. Und so bleiben fast bei jeder Kremation unverbrannte Teile übrig. Daher erklärten die angeführten Berichterstatter Gabba und Valsuani, dass diese Unvollkommenheiten, wie sie sich ausdrücken, sich niemals beheben lassen werden und am schwersten in die Wagschale fallen, nämlich die unvollkommene Einäscherung und die Verwehung der Asche im Ofen. Sie entdeckten auch im Aschenloche eine kohlenartige Kruste, die so fest am Grunde des Aschenloches haftete, dass man sie mit einer Messerklinge ablösen musste; dieselbe war nichts anderes als das Fett, das vom Leichname in den ersten Augenblicken der Kremation herabgeronnen war und eine unvollkommene Verbrennung erfahren hatte.

So lässt sich also eine wahre Verbrennung nicht erreichen. Ein Teil der geliebten Leiche verflüchtigt sich in der Luft, ein Teil verbrennt nicht, und die zurückbleibenden Überreste sind mit ungleichartigen Resten von Stoffen gemengt, die man zur Verbrennung angewandt.

Und das Übel beschränkt sich nicht auf diese gottlose Verwüstung der sterblichen Überreste; sondern die Kremation an sich schliesst eine Gefahr für die öffentliche Hygieine ein, in deren Namen sie thörichterweise empfohlen wird.

Wir wissen aus der Physik, dass jeder Körper bei seiner Verbrennung und Verkohlung Kohlensäure und

---

[1]) Brunetti. Ibid S. 8.
[2]) Porro, op. cit. S. 21, 22.

Wasserstoffgas in der Luft verbreitet. Dass der tierische Körper Kohlenstoff enthält, beweist die höchst einfache und einleuchtende Thatsache der Verkohlung des Fleisches am Feuer, und die so entstandene Kohle verwandelt sich in Kohlensäure, sobald sie mit dem Sauerstoff in Verbindung tritt. In der That entwickeln sich aus der Verbrennung einer animalischen Substanz Wasserstoff, Stickstoff und Kohlensäure. Dr. Besana fand, dass die Kremation die Leichen in Wasser, Kohlensäure, Schwefelsäure und Stickstoff verwandelt. Wir aber wissen, ohne eines Beweises zu bedürfen, weil es allgemein bekannt, dass diese drei Gase der tierischen Ökonomie schädlich sind, da die zwei ersteren das Pflanzenleben fördern, während der Stickstoff frei bleibt, indem er von den Vegetabilien nicht assimiliert wird.

Von der Gegenwart einer grösseren Menge dieser Gase bei der Verbrennung einer animalischen Substanz im Freien giebt uns der Geruch Kunde.

Die Gerüche werden vom berühmten Linné auf folgende Weise definiert: Volatilia corpora, quae occulto quodam modo in corpus humanum agunt, tam subtilia et exigua sunt, ut nihil sciam, cui possim assimilari; und diese cum aere se miscent, per nares facile attrahuntur, inque sinu frontis statim sentiuntur, cum hac via aer ad pulmones procedat.[1])

Und er teilte sie in sieben Klassen ein. I. Aromaticos. II. Fragrantes. III. Ambrosiacos. IV. Alliaceos. V. Hircinos. VI. Tetros. VII. Nauseosos.

Die Verbrennungsgerüche einer animalischen Substanz gehören zu den zwei letztgenannten Arten. Jaucroy reduziert sie auf fünf, und die, welche wir untersuchen, wären die wasserschwefeligen. In neuerer Zeit, sagt Figuier, der Geruch werde gewöhnlich aus der teilweisen Verflüchtigung des riechenden Körpers erklärt. Die Moleküle dieses Körpers werden durch das Vehikel der Luft bis zu unseren Organen befördert, von diesen aufgenommen und von uns als Geruch empfunden.

Es liegt also keine Übertreibung darin, wenn wir behaupten, dass wir, indem wir der Kremation eines uns teuren Toten beiwohnen, im Geruche, der von ihm ausströmt, einen Teil von ihm einatmen. Man mag

----

[1]) Linné, Amœnitates Academicae Holmiae 1756, Bd. III. Odores Medicamentorum, dissertatio XXXVIII, S. 184, 185.

dies poetisch finden, soviel man will, hygienisch ist es
jedoch keineswegs.

Dieses Moment des Geruches macht die Kremationsfreunde gewaltig nachdenklich; denn sie können
den Geruch nicht verhindern. Derselbe lässt sie viel
schuldiger erscheinen als ihre oft sehr wohlfeile Behauptung bezüglich der Miasmen der Friedhöfe, in
deren Nähe man gewöhnlich und wenn sie ordentlich
gehalten werden, keinerlei Geruch wahrnimmt, während
in der Nähe des Kremationsofens der Geruch sogar
einige Tage nach Vollziehung der Kremation fortdauert,
wie jeder merken kann, der eine gute Nase hat. Dieser Geruch verrät das Vorhandensein jener dem ani-
malen Organismus schädlichen Gase, die sich nicht
einatmen lassen. Gorini, der Vater der Krematisten,
sagt offen: Es ist notwendig, dass sich bei der Kremation kein Stoff einmische, der uns durch Beleidigung
des Geruchsinnes verrate, dass das organische Molekül
nicht vollständig zerstört ist, und vermuten lasse, dass
es auf seinem Wege durch die Luft dennoch irgend
welchen Krankheitsstoff mit sich führe; der Geruch
wird deshalb vollständig entfernt werden müssen.[1]) Bei
der Kremation Kellers, die am 22. Januar 1876 zu Mailand, zwei Jahre nach Einbalsamierung der Leiche statt-
fand, erwähnte der Kremationsfreund Polli im Berichte
darüber eines ausgesprochenen Geruches nach Schwefelsäure und einer teerichten Gasessenz; aus dem Schornstein aber kam eine Wolke Wasserdampfes und Rauches,
die in weitem Umkreise einen Geruch destillierter Stein-
kohle verbreitete.[2])

Der wiederholt angezogene Bericht Gabba-Val-
suani, den die Mailänder ›Perseveranza‹ am 7. Juni 1876
bringt, sagt, die Berichterstatter hätten mit voller Gewissheit den Geruch brennender animalischer Substanz
wahrgenommen, den man nicht mit dem brandigen,
durchdringenden und unangenehmen Geruche des an
den Ofen grenzenden Teerlagers, noch auch mit dem
Gestanke verwechseln konnte, der sich bei der Kapelle
fühlbar machte; es war der charakteristische Geruch
brennender animalischer Substanzen. Dieser Geruch
konnte nur aus dem Schornstein des Kremationsofens
kommen, und gerade sein zeitweiliges Ausbleiben je

---

[1]) Gorini, op. cit. S. 59.
[2]) Polli, Bericht über die Kremation Kellers V.

nach der Richtung des Windes gestattete, denselben von den übrigen, permanenten zu unterscheiden. Übrigens schreibt Gorini ganz klar: Bei der Auflösung des Leichnams zerstreuen sich die Stoffe, aus denen er besteht, in der atmosphärischen Luft unter der Gestalt eines Feuers, das von Geruch nicht frei ist. Der Geruch gleicht nur dem verbrannter Wolle und ist vermutlich ganz unschädlich.[1]) Nur liefert diese zufällig hinweggeworfene »Vermutung« keinen Beweis, und Gorini selbst begegnet diesem Geruche bei seiner vierten Kremation zu Lodi, wo der das Mauerwerk des Laboratoriums übersteigende Rauch sich in grosser Menge auf dem Platze verdichtet und daselbst einen gar sehr empfindbaren Geruch verbreitete (S. 50). Ein anderes Mal bedeutete die Abwesenheit des Geruches in der Gegend des Laboratoriums keineswegs dessen Nichtvorhandensein im Rauche, der dem Schornsteine entströmte. Nur zu sehr war dieser Geruch vorhanden, so dass ausser Zweifel steht, dass der Rauch des kleinen Schornsteins stets davon verpestet ist.[2]) Wenn aber dieser Rauch und dieser Geruch unschädlich sind, weshalb beklagt man dann so sehr die Verpestung des ersteren durch den letzteren? Natürlich ist der Geruch, der dem Schornstein und den Zuglöchern des Kremationsofens entströmt, ein Geruch, der von den unvollkommen verbrannten organischen Stoffen sowie von den unmodifizierten Leichengasen stammt, welche sich mit der Luft rings um das Krematorium vermengen, ungesund und gefährlich. Nun fragen wir: bieten die Friedhöfe dieselbe Gewissheit, denselben Grad der Gefahr?

Hygieine, Chemie, praktische Beobachtung haben bisher nicht dargethan, dass von wohlbestellten Friedhöfen irgendwie Gefahr der Ansteckung und Verpestung herrühren könne. Wir haben die Beweise dafür in diesem Kapitel anschaulich und handgreiflich gemacht.

Von der Kremation lässt sich nicht dasselbe behaupten; der Geruch klagt sie an und verurteilt sie. Man beachte, dass dieser Geruch und folglich jene Gase, von denen er herrührt, nicht von der umgebenden Vegetation absorbiert werden, welche die von den Friedhöfen herrührenden Ausdünstungen, wo solche

---

[1]) Gorini, op. cit. S. 127.
[2]) Gorini, op. cit. S. 153.

vorhanden, sicherlich absorbiert und reinigt. Da der
Geruch verweilt, so müssen auch die Gase verweilen,
die ihn hervorbringen, und der Stickstoff, den die
Pflanzen nicht einatmen. Man beachte ferner, dass
diese höchst gefährlichen Unzukömmlichkeiten sich
schon jetzt handgreiflich offenbaren, da die Kremation
in mikroskopischen Proportionen praktiziert wird. Allein
was wäre wohl der Fall, wenn sie allgemein in Gebrauch
käme? Wenn man in jeder Stadt täglich im Durchschnitte bloss zehn Leichen verbrennte? Wer gesunden
Verstandes ist, beantworte diese Frage.

Nicht genug, dass täglich eine enorme Menge
Kohlensäure aus den Schornsteinen so vieler Werkstätten und so vieler Manufaktur-Etablissements auf
unserer Halbinsel sich mit der Luft vermischt; man
will noch durch allgemeine Einführung der Kremation
einen eigentlichen Infektionsherd hinzufügen! Und
dies soll im Namen der Hygieine geschehen.

Es wird ein Tag kommen, da die in die Luft ge-
worfene Masse des Kohlenstoffes grösser sein wird als
aller Bedarf der Vegetation, und was wird dann geschehen? Man gedenke des ungeheuren täglichen Verbrauches an Brennmaterialien zur Speisung von Fabriken, Werkstätten und Dampfkesseln; der unüberlegten,
im grossen betriebenen Abholzung, der fortschreitenden
Zerstörung des Holzes und der damit zusammenhängen-
den Minderung des Verbrauches an Kohlensäure, dessen
Masse in verkehrtem Verhältnisse zum Verbrauche
wächst; man beachte die vielen Bergdurchstiche, vermöge welcher gegenwärtig ungeheure Luftmassen durch-
ziehen, die früher, von den Bergen und den dichten
Wäldern aufgehalten, nur allmählich und gereinigt zu
uns gelangten. Dies alles ziehe man ernstlich in Betracht und gedenke dabei wahrhaft der Hygieine, gedenke, jene wunderbare Ökonomie wiederherzustellen,
mit der der Schöpfer das Universum einrichtete und
die der Mensch thörichterweise in Verwirrung bringt,
und schaffe Abhilfe. Sollten die Krankheiten, die Epidemien, die fortschreitende Verkürzung des menschlichen Lebens nicht etwa in der unverhältnismässigen
Assimilierung und in dem Verbrauche von Gasen, mit
denen die Atmosphäre überladen ist, eine entfernte
Quelle finden? Den wahren, leidenschaftslosen Gelehrten kommt die Lösung dieses äusserst schwierigen
Problemes zu.

Wir bemerken das nicht bloss zufällig. Es wäre thöricht, zu behaupten, dass die Elemente, aus denen unser Körper besteht, da sie durch die Beerdigung beiseite geschafft sind, nicht in die Schöpfung zurückkehren, sondern im Grabe eingeschlossen bleiben. Dies zu behaupten, hiesse zugeben, dass der Schöpfer nicht die nötigen Vorkehrungen behufs Erhaltung seines Werkes getroffen. Dass aber die in der Natur vorhandene Kohlensäure hinreiche, ihren Bedarf zu decken, das behaupten nicht wir Laien, sondern es behauptet dies der gelehrte Stoppani, welcher sagt: »Die ganze Oberfläche der Erdkugel lässt sich als ein ungeheurer Strom ansehen, der dem atmosphärischen Ocean Kohlensäure zuführt. Die Hervorbringung dieses Gases darf als das Resultat aller grossartigen Vorgänge der mineralischen, vegetabilischen und animalischen Chemie, die sich am Äussern oder Innern der Erdkugel vollziehen, hingestellt werden. Man könnte sagen, es ergiesse sich fortwährend in die Atmosphäre eine zweite, kohlensaure Atmosphäre.«[1]) Wohlan, dieses Gas ist notwendig nach der weisen Einrichtung des Schöpfers aller Dinge. Wird jedoch dessen Vermehrung nicht schädlich sein können und müssen?

Es scheint uns hier eine Bemerkung am Platze. -- Ihr Verfechter der Kremation und Vergötterer alles dessen, was von Indien stammt, wie erklärt ihr doch die leuchtende Thatsache, dass dieses Indien, wo nach eurer Aussage die Kremation herrscht, wo zu derselben wohlriechende Gewürze und Hölzer von unbestreitbar desinfizierender und fäulniswidriger Kraft verwendet werden, dennoch das Hauptquartier aller miasmatischer Ansteckung, die Wiege aller Epidemien ist, welche die Welt in Verzweiflung bringen und Schrecken und Tod auf derselben verbreiten? Löset mir dieses Rätsel, und ich will ein Kremationsfreund werden.

Matteucci findet, dass, wenn bei der Kremation der gehörige Grad der Temperatur und die notwendige Menge Sauerstoffes abgeht, geradezu die trockene Destillation befördert wird, deren Produkte stickstoffhaltige, schwer verbrennbare Substanzen meist alkaloidischer Natur sind. In diesen Fällen würden also die gefürchteten Infektionscentren in reichlicher Menge her-

---

[1]) Stoppani. Die Reinheit des Meeres und der Atmosphäre. X. Conf. S. 345.

gestellt, indem die der Verbrennung entgehenden Körperteile geradezu die synthetische Essenz miasmatischer Produkte darstellen würde.[1])

Noch ein Wort, bevor wir schliessen. Die Kremation erscheint furchtbar in Fällen des Scheintodes, die, wenngleich selten, doch nicht unmöglich sind. Mit feurigem Schwerte würde sie den Lebensknoten zerhauen. Dieser Gedanke erregt Schauder und Abscheu. Einen Lebenden verbrennen!! Um diejenigen, welche fürchten, scheintod verbrannt zu werden, zu trösten, sagt der englische Chirurg Thompson allen Ernstes, dass man in diesem Falle nur kurze Zeit zu leiden hätte und der Tod bald erfolgen würde!!! Wahrlich, ist das nicht ein grosser Trost?

Es scheint uns, dass die Festung vor der Wissenschaft und der Vernunft kapituliert hat, die Garnison dieselbe räumt; wir aber gewähren ihr keinen Aufenthalt, sondern wollen sie mit gezückten Schwertern bis auf das Feld der gerichtlichen Medizin verfolgen, woselbst sie eine vollständige Niederlage erfahren soll.

Kremation, Inhumation und Legalmedizin.

Wir sind auf dem Felde der Legalmedizin angelangt. Auf diesem Gebiete werden die Beschützer der Kremation, was sie auch immer zur Verteidigung ihrer barbarischen und unvernünftigen Neuerung sagen mögen, jedenfalls zu kurz kommen. In ihren Reden, in ihrem langen Gewäsche wird der wahrhaft ernste und denkende, der wahrhaft gelehrte Mensch nichts finden als verba, verba praeteraeque nihil. Die Legalmedizin erhebt sich furchtbar, unerbittlich, alle Theorien, welche die Kremation stützen, überwältigend und zermalmend. Gäbe es keine anderen Gründe, die, wie wir gesehen, die vorgeschlagene Neuerung zu nichte machen; dieser medizinisch-legale würde sie alle ersetzen; denn er ist unwiderleglich. Ihm gegenüber sind die Krematisten Schwätzer, und die Kremation erscheint, wie Brunetti sagt, als Wahnwitz.[2])

---

[1] Matteucci op. cit. S. 15.
[2] Brunetti op. cit. S. 42.

Das wissen die Krematisten selbst gar wohl, und
sie nennen — Gorini nicht ausgenommen — diesen
Einwand einen ernsten, der keinen Scherz zulasse.
Auch Ellero findet denselben ernst, doch setzt er hinzu, dass Coletti, den die Krematisten ihren Vater
nennen, diesen Einwand in seiner witzigen Ausdrucksweise mehr intensiv als extensiv schwerwiegend genannt
habe.[1]) Damit hat Ellero dem Coletti einen schönen
Dienst erwiesen! Zwar besitzt die italienische Sprache
eigentlich keinen Ausdruck für »Witz«; doch wollen
wir es dem an Barbarismen gewöhnten Arzte zu gute
halten, wenn er sich dafür ein Abstraktum bildet. Der
gute Mann möge jedoch wissen, dass Salvini sowohl
als die Crusca sagen, man verstehe unter jenem von
ihm gewählten Ausdrucke gemeiniglich einen Schön-
geist, einen scharfsinnigen Menschen, aber auch einen
Scheingelehrten, einen, der mit Worten spielt,[2]) und
dass er somit die ganze Wissenschaft Colettis beiläufig
als ein Wortspiel hinstellt. Wir hatten also recht, die
Krematisten als Schwätzer zu bezeichnen. Coletti selbst
sagt sogar, obiger Einwand sei immerhin von einigem
Gewichte, und da er unfähig sei, demselben zu begegnen, so wolle er ihn dennoch nicht verschweigen oder
übergehen; nichtsdestoweniger vermeidet er durch ein
Wortspiel die Widerlegung, die er nicht übergehen
oder verschweigen wollte, und entschlüpft so durch ein
Seitenpförtchen: »Wir stellen jedoch die Frage, ob das
Wohlergehen ganzer Völkerschaften vielleicht nicht die
Straflosigkeit einiger Verbrecher aufwiegt.«[3]) Coletti
erklärt sich also trotz seines Wortspieles unfähig, die
Frage zu lösen und giebt zu, die Kremation könne dem
Verbrecher Straflosigkeit verschaffen. Er behauptet
demnach dasselbe, was wir als Gegner der Kremation
behaupten. Wir haben also den Vater der Krematisten
immerhin auf unserer Seite.

Der Beweis ist für uns, wie man sieht, und der
Streit gewonnen, bevor wir uns in denselben eingelassen.
Doch begnügen wir uns nicht damit, sondern wollen
uns, wie gewohnt, in die Hitze des Gefechtes begeben,
auf dass die Wahrheit und die einleuchtende Kraft der

---

[1]) Ellero. — Die Kremation in der modernen Civilisation.
Padua 1883. S. 26.
[2]) Manuzzi. — Wörterbuch der italienischen Sprache.
[3]) Coletti. — Über Einäscherung der Leichen. Padua
1857. S. 15.

Vernunft ihren vollen Glanz ausstrahle und niemand
uns zu widerlegen vermöge.

Die Legalmedizin ist jene Wissenschaft, gewisse
Thatsachen darauf zu untersuchen, zu beurteilen und
zu konstatieren, ob dieselben verbrecherisch sind oder
nicht und in welchem Grade sie dies sein oder nicht
sein mögen, insoweit die Gesetzgebung und die Gerechtigkeit dessen bedarf, so dass sie zuweilen zum
Kriterium und zur Grundlage für die letzteren wird.
Sie ist zur Rechtspflege unerlässlich, so zwar, dass
diese zuweilen ohne die Vermittlung der Legalmedizin in ihrem Gange gehemmt wäre. Deshalb kann
die Legalmedizin wohl als Leuchte bezeichnet werden,
die mit dem Glanze der Sicherheit und Wahrheit die
dunklen, verborgenen Wege erleuchtet, welche die
menschliche Schlechtigkeit in den Abgründen der Schuld
und des Verbrechens einschlägt, um sich der Rache
der Gesellschaft und der Gerechtigkeit zu entziehen.
Indem sie sogar das trostlose, schreckenhafte Dunkel
des Grabes durchdringt, zerreisst und lichtet sie dessen
düstere Schleier und führt in ihrer Tageshelle die
menschliche Vergeltung zum Triumphe.

Sie muss daher naturgemäss das Leben des Menschen von seiner ersten Empfängnis im Mutterschosse
an und dessen ganze Dauer bis zum Ende umfassen,
mit ihm in das Grab hinabsteigen und den Tod daselbst, in seinem Reiche der Zerstörung zur Rede stellen;
sie fordert ihn vor ihren Richterstuhl und erpresst der
Fäulnis, den fleischlosen Gebeinen, dem dürren Staube
siegreich das Bekenntnis der Wahrheit. »Die menschliche Bosheit,« sagt Matteucci, »übersteigt die engen
Schranken der Wissenschaft; doch so lange der Leichnam im Grabe ruht, erhält er den Mörder in furcht-
barer und fortwährender Angst aus Furcht, die Gerechtigkeit werde früher oder später die wahre Ursache des
Todes rächen, die durch den Schmelztiegel des Chemikers
oder die Linse des Mikroskops entdeckt worden.«[1]) Die
Legalmedizin zerfällt also notwendig in zwei Teile: einen
biologischen und einen tanatologischen. Im Sinne unseres Vorwurfes wollen wir von dem ersten ganz ab-
sehen und uns an den zweiten halten, da die Kremation
der Leichen auf diesen allein eine Rückwirkung ausübt.

---

[1]) Matteucci op. cit. S. 23.

In dem tanatologischen Teile spielt die Untersuchung der Leichen eine Hauptrolle; diese verfolgt
einen dreifachen Zweck: 1) Sie löst die Frage nach der
Lebensfähigkeit des Neugeborenen, sowie, ob er gelebt
habe oder nicht. 2) Sie erforscht die Zeit, wann der
Tod eingetreten ist. 3) Sie enthüllt die verborgene
Ursache des Todes.

Es ist einleuchtend, welches und wie gross die
Bedeutung dieser Wissenschaft sei, um die Rechte festzustellen, die aus der Lebensfähigkeit entspringen, die
Gründe, welche die Notwendigkeit des Todes ein- oder
ausschliessen, dessen verborgene Ursache entdecken,
den eines Mordes Angeklagten frei- oder schuldig
sprechen. Solche Fälle ereignen sich leider gar oft.
Die blut- und giftgetränkten Trauerspiele, die sich an
Gerichtshöfen abspielen, beweisen, wie notwendig die
Dazwischenkunft des Gerichtsarztes, der zum Priester
menschlicher Gerechtigkeit wird.

Und dieser Priester wird in seinem heiligen und
strengen Dienste von den Exhumierungen und der
Untersuchung der sterblichen Reste des Menschen unterstützt.

Die Wichtigkeit der gerichtlichen Exhumierungen
wird nicht nur von den Gelehrten anerkannt, die sich
um dieselben bemühten und viel Licht darüber ver-
breiteten, wie der berühmte Orfila, Devergie u. a., die
unvergessen sind; auch von denkenden Laien wird dieselbe hinsichtlich der Rechtspflege und der Heilkunst
anerkannt und endlich auch von dem natürlichen Ver-
stande des Volkes sanktioniert. Man muss entweder
von leerem, eitlem Wissen erfüllt sein, um sie zu bekämpfen, oder einen gar sehr verschiedenen Zweck
verfolgen, dem sie im Wege steht. In der That bekämpfen sie die Krematisten um des Systems und der
Erreichung ihres teuflischen Zweckes willen, der Hygieine und der Gerechtigkeit zum Trotz. Es erscheint
daher nur logisch, dass auch alle Mörder und Gift-
mischer Anhänger der Kremation sind; liegt es doch
in ihrem besonderen Interesse, dass alle Spuren ihrer
Verbrechen vom Feuer zerstört werden.

»Es ist eine für die Toxicologie wichtige Thatsache,« schreibt Devergie, »dass das Gift sich vornehm-
lich in irgend einem Teile der Speiseröhre vorfinden
muss. Diese Thatsache ist geeignet, den Schuldigen
zu beunruhigen und den Gerichtsarzt zu Nachforschun-

gen aufzumuntern selbst nach Verlauf einer gegenwärtig schwer zu bestimmenden Zeit.«[1]) In der That vermag der Sachverständige in der Leiche zehn, fünfzehn,
zwanzig Monate und selbst viele Jahre nach dem Tode
des Opfers Spuren des Giftes zu entdecken. Orfila und
Lasveur sagen, es lasse sich sicherstellen, ob das Gift
in den lebenden Körper oder nach dem Tode eingeführt worden, um ein Verbrechen vorzugeben. So lässt
sich die Gegenwart der Schwefelsäure noch einige Jahre
nach ihrer Vermischung mit animalischen Stoffen konstatieren. Die Salpetersäure lässt sich noch erkennen,
wenn die Verwesung den höchsten Grad erreicht hat,
die Arseniksäure findet sich noch einige Jahre nach
dem Tode vor, das essigsaure Morphin hingegen bloss
einige Monate, ebenso das Brucin-Hydrochlorat und
das essigsaure Strychnin. Bayard sagt, die Spuren der
Vergiftung durch spanische Fliegen fänden sich im
Leichenfette vor, wenn man siedendes Wasser auf dasselbe einwirken lasse, in welchem es schmilzt; die glän-
zenden Teilchen, welche niederschlagen, sind zu Staub
gewordene Kantharen. Würde der menschliche Körper in Asche verwandelt, so würden diese Spuren verschwinden oder aber durch ihre zufällige Erhaltung in
der Asche die grosse Gefahr herbeiführen, dass ein
Unschuldiger angeklagt werde; auch würden nicht nur
die mittels Giftes verübten Verbrechen verborgen bleiben,
sondern ausserdem würden gewisse Todesfälle, die verbrecherisch durch Verwundung, durch Wundmittel oder
durch Erdrosselung herbeigeführt worden, nicht als
solche erkannt werden, wie dies hingegen nach elf
Jahren bezüglich der Leichen der Witwe Huet, des
Marc Boys, Lourys und Orfilas am 26. März 1833 der
Fall war, endlich bei einem anderen, der, wie der berühmte Rota erzählt, erdrosselt worden war, und einem
zu Brescia im Jahre 1881 an einer Kopfwunde gestorbenen Geistlichen, den man ertrunken geglaubt, an dem
sich aber, da man ihn nach drei Monaten exhumierte,
herausstellte, dass er erstochen worden. Es ward möglich, Verletzungen der Gebärmutter zu konstatieren und
festzustellen, dass der Tod, den man auf Rechnung der
Geburt gesetzt, statt dessen auf unkluge Hantierung

---

[1]) Devergie. — Theoretische und praktische gerichtliche
Medizin. II. Bd. S. 521.

seitens der Hebamme zurückzuführen war, wie das eine
Liste gerichtlich-medizinischer Fälle von einer Exhumierung berichtete, welche drei Monate nach dem Tode
der Gebärenden vorgenommen worden.

Dazu kommen noch die langsamen Vergiftungen,
deren man sich leider bedient, um aus Gründen unge-
zügelter Leidenschaft sich von einem Ehemanne oder
einer Gattin zu befreien oder von Verwandten aus Verlangen nach der Erbschaft. Nur zu häufig wird ein
Todesfall, den man einer Krankheit zugeschrieben und
für natürlich gehalten hatte, infolge eines entfernten,
unbestimmten Verdachtes, der eine gerichtliche Untersuchung autorisiert, für verbrecherisch befunden, und
der Schuldige, der sich sicher wähnt und vielleicht die
Frucht seines Verbrechens geniesst, wird unerbittlich
von der strafenden Gerechtigkeit ereilt. Es ist sehr
leicht, bei der Diagnose gewisser Krankheiten nicht
einmal von weitem eine giftmischerische That zu vermuten und ihre Folgen mit einer pathologischen Thatsache zu verwechseln. Ein Beleg aus unferner Vergangenheit ist der weitbekannte General Gibbon. Sein
Tod wurde für einen natürlichen gehalten, obwohl er
das Opfer einer langsamen Vergiftung war. Sein Zu-
stand war nach allen Regeln der Kunst der Diagnose
unterworfen worden; dennoch wurde die Vergiftung
erst entdeckt, als der Leichnam nach einem Monate
ausgegraben und dem dreimonatlichen aufmerksamen
und tiefen Studium und der chemischen Analyse des
berühmten Professor Ratti in Rom unterworfen worden
war. Wäre die irdische Hülle des Generals verbrannt
worden, wie hätte dann jemals in seiner Asche das
Gift gefunden werden können? Sein Mörder und Gift-
mischer, der Sicilianer Ricca, könnte gegenwärtig, statt
im Gefängnisse, von der Gunst des Volkes getragen,
im Parlamente sitzen, um die Geschicke der Nation zu
leiten und für ein Gesetz zu stimmen, das die Kremation obligatorisch machte! Und vielleicht würden wir
in Italien, wo alles, was mit der Gerechtigkeit, Schick-
lichkeit und daher mit der gesunden Vernunft und dem
inneren sittlichen Bewusstsein in Kollision gerät, möglich ist, auch noch diesen Zwang erleben, ähnlich wie
den des Unterrichtes. Sehen wir infolge dieses letzteren,
wie unsere Jugend

> erstaunlich abgefeimt
> Tugend und Laster reimt;

so wird dann zur Wahrheit werden, dass

> Des Herzens Faser,
> vom läuternden Feuer
> der Fäulnis entrückt,
> die Hymne der Natur
> wieder anstimmt entzückt.
> Der Erde verheisst sie
> eine schönere Zeit;
> erhabene Gefühle
> wecken Brüderlichkeit;
> Hoffnung wird den Menschen
> Ganzer Vernünftigkeit.[1]

Das heisst auf gut deutsch, dass man kraft des Naturalismus die Leute nach Belieben werde totschlagen dürfen und mittels der Freiheit der Liebe die Freiheit des Giftes werde verkünden und erlangen können. Dies ist keine unsinnige Schwärmerei; es ist nur allzu traurige Wirklichkeit. Lässt man die Kremation zu, so sehen wir sicherlich wie durch einen Zauber die gewaltsamen Todesfälle durch Feuer und Stahl verschwinden. Der Dolch des Mörders und des Strassenräubers, die Flinte, der Revolver und viele andere Waffen würden nur selten unter den Werkzeugen des Verbrechens erscheinen; statt derselben würde man jedoch in den Instruktorien und auf dem grünen Tische der Gerichtssitzungen den Arsenikteigschachteln Frà Cosimos, Rousselots, Dubois', Dupuytrens, der mineralischen Tinktur Fowlers, der Arseniklösung Jakobs und sogar, wie vorgekommen ist, der Arsenikseife Bécœrs begegnen, die zur Erhaltung der Tiere im Dienste der Naturkunde dient, u. s. w. Der Verbrecher, bemerkt richtig Matteucci, forscht unermüdlich nach dem Wege, auf dem er sich mit grösserer Wahrscheinlichkeit retten kann, und hat er einmal erfahren, dass das Gift, mit Verständnis und in gewisser Mischung dargereicht, sich mit einem Gefolge von Symptomen äussert, das seine Erklärung in gewissen Krankheitserscheinungen findet: meint ihr dann wohl, er werde nicht beflissen sein, sein düsteres Vorhaben mit Eifer zu betreiben?[2] Bezüglich dieses Punktes sind wir also einig, dass die Kremation

---

[1] So improvisierte Mathilde Caselli zu Padua über die Kremation am 4. Mai 1885 im Bierhause »Zu den Vereinigten Staaten« im Fechtsaale des Meisters Cesarano.

[2] Matteucci op. cit. S. 22.

durch Zerstörung der Leiche sich absolut und kategorisch den Nachforschungen und Untersuchungen der
gerichtlichen Medizin entgegenstellt und daher den
Gang der strafenden Gerechtigkeit hindert. Dränge die
Kremation durch, welches wären dann die Folgen? Es
ist leicht, dieselben einzusehen. Meistens würde der
, Schuldige straflos ausgehen, nicht selten hingegen der
Unschuldige verurteilt werden. Daher wären die sogenannten gerichtlichen Irrtümer in gegebenen Fällen nur
ein notwendiges Corollarium der Kremation.

Da die erschrockenen Kremationsfreunde auf unsere
Einwendungen nicht antworten können, so trachten sie,
unserer Hand zu entgleiten und gleich Aalen zu ent-
schlüpfen. So führen sie an, man könne in Fällen gewisser befürchteter Vergiftungen die Asche des Verbrannten untersuchen und in derselben die mineralischen
Spuren des Giftes vorfinden. Vor allem entgegnen wir,
dass nicht alle Gifte Mineralien sind oder sein müssen,
so dass Vernichtung derselben durch die Verbrennung
möglich ist; dass sich ausserdem viele Mineralien bei
einer gewissen Temperatur auflösen und verzehren.
Also vorausgesetzt, dass die organischen und alkaloi-
dischen Gifte keine Spur an den Verbrennungsprodukten
zurücklassen; dass von den Mineralien einige zu nichte
werden und nicht zurückbleiben; dass einige giftige
metallische oder metalloidische Substanzen der zerstörenden Kraft der verzehrenden Flamme widerstehen
und dass das Quecksilber, das Zink, das Kupfer und
vor allem das Arsenik in den Resten einer Kremation
vielleicht Spuren von sich zurücklassen können: würden
dann die Spuren des Quecksilbers und des Arseniks,
dieser gebräuchlichsten Gifte, in den Kremationsresten
die Gewissheit eines Verbrechens verschaffen? — Untersuchen wir das.

Arsenik, dieses Metalloid, kommt, wie allgemein
bekannt, in der Natur mit anderen Mineralien und
Metallen verbunden vor, wie mit den nickel- und
kobalthältigen oder unter der Gestalt des arsenigen
Sulfides, des Realgars oder des Opermentes und auch
häufig in Verbindung mit Eisen. Selten erscheint es
rein. Nur in Frankreich trifft man es fast unvermischt an.
In Italien, Sachsen, Ungarn, Slona, Almaden in Spanien
hingegen findet man es in Verbindung mit einem erdi-
gen Gangsteine oder als metallisches Arsenikerz, das
in verschiedener Menge in den Metallen dritter Klasse

nach Thénards Klassifikation vorkommt.[1]) Daraus folgt,
dass Arsenik sich nicht notwendig, wohl aber häufig
mit dem Eisen vereint vorfinden kann, aus dem man
Kremationsöfen herstellt. Kein Mineralog oder Chemiker
kann dies in Abrede stellen. Wir wissen auch, dass
Arsenik, in einem Schmelztiegel erhitzt, zur Arseniksäure wird und dass sich diese, wenn man sie bis zur
Kohlengut erhitzt, in reines Arsenik verwandelt, das
am Grunde des Schmelztiegels verbleibt. Könnte nun
nicht vorkommen, was öfters geschah, dass man dasselbe nämlich unter der Asche einer verbrannten Leiche
entdeckte? Und würde dies etwa beweisen, dass diese
Leiche einem vergifteten Individuum angehöre? Könnte
das Erscheinen dieses Giftes unter den Resten einer
Kremation nicht einen Argwohn, einen Verdacht auf
Personen erregen, die zu Lebzeiten des Verstorbenen
demselben übel wollten, doch aber sicherlich kein Verbrechen an ihm begangen hätten? So könnte ein natür-
liches Produkt des Kremationsofens die Basis zu einem
Prozesse liefern, dessen Resultat die Verurteilung eines
Unschuldigen wäre. Was vom Arsenik gilt, das gilt
auch vom Kupfer, vom Quecksilber und vom Zink,
welche Gifte am häufigsten zu verbrecherischen Thaten
angewendet werden. Welche intelligente und gewissen-
hafte Unterstützung würde aber der Rechtspflege die
gerichtlich-medizinische Untersuchung bieten, deren Resultat die Auffindung solcher giftiger Substanzen in
der Asche eines Verbrannten wäre? Soll man auf dieser unsicheren Grundlage einen Schuldigen freisprechen
oder einen Unschuldigen verurteilen?

Indessen, heutzutage ist es Mode, freizusprechen,
und somit wiederholt man mit dem Vater der Krematisten, Coletti: Was bedeutet die Straflosigkeit einiger
Verbrecher gegenüber der Wohlfahrt ganzer Völkerschaften? — Ganz wohl; doch rate ich allen, sich mit
Gegengiften zu versehen.

Bei einer beerdigten Leiche hingegen können so
furchtbare Unzukömmlichkeiten nicht eintreffen, da man
dieselbe auch nach der Verwesung, nach Monaten und
Jahren ausgraben und untersuchen kann; finden sich
Giftspuren vor, so weisen dieselben sicherlich auf ein
Verbrechen hin; denn Gifte solcher Natur wie Arsenik

---

[1]) Righini-Farmacopea-Ghisi-Elementi di Mineralogia ed
Orittognosia.

und Quecksilber dringen selten in die Knochen ein,
noch verflüchtigen sie sich durch Wärme, wie der gelehrte Rota im Einklange mit der Wissenschaft bemerkt;
wo sie sich vorfinden, verraten sie daher ein Verbrechen,
ohne darüber im Zweifel zu lassen, ob sie etwa Teile
oder chemische Absonderungen anderer Körper seien,
wie dies im Kremationsofen geschehen kann. Casper,
der berühmte Gerichtsarzt aus Berlin, fand in den
Haaren einer am 20. Mai 1848 verstorbenen und am
30. März 1859, also nach elf Jahren exhumierten Frau,
die man wegen eines illegitimen Verhältnisses für das
Opfer einer Vergiftung hielt, Arsenik vor.

. Zu Padua z. B. wird in den Gerichtsannalen allezeit der Prozess gegen Ludwig Rizzo, genannt Falabio,
berühmt bleiben, der unter dem Beinamen des Prozesses
der gebrochenen Rippen bekannt ist. Ludwig Rizzo
war eines an dem zehnjährigen Knaben Scarparolo verübten Mordes angeklagt worden, da er ihm mit Stössen
und Faustschlägen alle Rippen gebrochen. Diese An-
klage stützte sich auf die sechsundzwanzig Tage nach
dem Tode erfolgte Exhumierung, obgleich der Tod nach
dem Berichte der behandelnden Ärzte, welche die
Besichtigung der Leiche vorgenommen hatten, durch
Wassersucht erfolgt war. Da jedoch über die Wahrhaftigkeit der ärztlichen Angaben Zweifel entstanden,
so schritt man zur erwähnten Exhumierung und fand,
dass alle Rippen des Knaben gebrochen waren,
weshalb Ludwig Rizzo infolge gerichtlich-medizinischer
in den Prozessakten niedergelegter Untersuchung für
an Scarparolo ausgeübten Mordes schuldig gehalten
ward. Aber, da neuerdings an der Wahrhaftigkeit der
letzten gerichtsärztlichen Aussage gezweifelt wurde, so
schritt man ein zweites Mal zur Exhumierung, und diesmal fand man — nach Feststellung der Identität der
Leiche — alle Rippen unversehrt!

Es ward infolgedessen Rizzo für unschuldig erklärt.

Das sind erstaunliche Dinge, die sich aber vor
unseren Augen zutrugen.

Sehen wir nun von der Verderbnis der Profes-
sionisten ab, so müssen wir zugeben, dass, wäre dieser
Knabe verbrannt worden — und dies hätte leicht ge-
schehen können, da er nach ärztlicher Erklärung an
Wassersucht gestorben —; nicht so viel Fäulnis zum
Vorschein gekommen und ein Unschuldiger, nämlich
Rizzo, verurteilt worden wäre. Dies trug sich in den

Jahren des Heiles 1871 und 1872 zu!!! Reizen solche Beispiele nicht, ein Kremationsfreund zu werden?

Um diese Erwägung zu Ende zu führen, muss man sich vergegenwärtigen, dass man sich zum Mitschuldigen an einem Verbrechen macht, indem man durch Kremation dessen Spuren vernichtet. So kommt also Colettis Deklamation von der Straflosigkeit einiger Verbrecher unter Vorschützung der Hygieine auf Mitschuld mit Totschlägern und Mördern hinaus. Dies letztere ist keine Deklamation, das ist Logik.

Verlassen wir diesen Schauplatz der Schuld, oder abstrahieren wir vielmehr von demselben, so wirft sich dem Gerichtsarzte ein anderer höchst wichtiger und notwendiger Einwand auf, der für sich allein die Krematisten schrecken würde: es ist der Einwand bezüglich der Identität der Leiche. Es missfällt uns schon, dass z. B. im obengenannten Prozesse wiederholte Exhumierung nötig war, um die Identität der Leiche zu konstatieren. Ist aber diese letztere von den betrogenen, betrügefischen, boshaften oder thörichten Ärzten einmal dem Scheiterhaufen übergeben: wie will man dann aus einer Handvoll Asche die Identität einer Leiche konstatieren? Man weiss, von welcher Tragweite die Konstatierung dieser Identität für die Rechtspflege sein kann.

Behufs dieser Konstatierung sind grosse und genaue anatomische Kenntnisse vonnöten, und es genügt zuweilen ein Schaden an den Knochen. Man liest, es sei einst nach wiederholten Exhumierungen und Untersuchungen einer Frau gelungen, an der eigentümlichen Gestaltung des Gebisses das Skelett ihres Mannes zu erkennen, da die Hinwegnahme der Leiche und die Verwechslung derselben zur Zeit seiner Ermordung vorgegeben worden war. Wahrlich, die menschliche Bosheit ist gross. Die Exhumierungen, sagt der gelehrte Bayard, ermöglichen nach Jahren die Unterscheidung des Geschlechtes, des Alters, der Grösse des Individuums, von dem nur das Skelett vorhanden ist.[1]) Es liegt nicht in unserem Zwecke, nachzuforschen, weshalb die Frage nach der Identität, über welche die Rechtsgelehrten so oft entscheiden müssen, aufgeworfen werde; wir begnügen uns, ihre Bedeutung im Einklange mit den Gerichtsärzten zu konstatieren und halten uns bei

---

[1]) Bayard, Prakt. Handbuch der gerichtlichen Medizin. 1. Tl., 8. Cap., S. 137.

diesem Gegenstande nicht länger auf, da er zu handgreiflich ist.

Obwohl nun unsere enthusiastischen Gegner einsehen, dass die gewichtigeren Gründe nicht auf ihrer Seite stehen, sowie dass die Thatsachen ihnen widersprechen und sie Lügen strafen; so möchten sie doch, gleichviel, ob mit Recht oder Unrecht, ihre Behauptung aufrechthalten, begehen deshalb manche Thorheit und schlagen, um uns zu überwältigen und ihren Kram zu retten, vor, dass jeder Leichnam, bevor derselbe dem Kremationsofen übergeben werde, der Autopsie zu unterwerfen sei.

Doktor Cajetan Pini, ein wahrhaft typischer Freimaurer, wie die freimaurerischen Mailänder Journale ›Lombardia‹ und ›Secolo‹ ihn nennen, Sekretär der internationalen Kommission und der Kremationsgesellschaft der moralischen Hauptstadt Italiens, schrieb jüngst folgendes: Enfin, pour faire accepter la crémation par les médecins-légistes, La Société obtint le concours d'un philantrope M. P. M. Loria. Ce concours complètera en tout l'organisation que Milan a su donner à la nouvelle institution. M. Loria, considérant que les sections cadavériques contribuent efficacement au progrès de la science, et désirant, d'autre part, voir tomber un des plus forts obstacles que rencontre l'usage de l'incinération, c'est à dire la crainte que ne puissent disparaître pour toujours les traces d'un délit, dota la ville de Milan où la crémation a eu, si je peux m'exprimer ainsi, son premier et plus large culte, de la somme de 1000 fr. de rente italienne 5 %, aux conditions suivantes.[1])

Diese Bedingungen würden, abgesehen von den finanziellen und wissenschaftlichen, betreffend die Anatomie und Mikroskopie, dass man nämlich alle zur Kremation bestimmten Leichen seciere, die Errichtung eines Saales für Autopsie neben dem Friedhofe und dem Kremationstempel erheischen, und somit würden les consciences les plus timorées beruhigt werden: — Das ist eine so seltsame und barbarische Thorheit, dass sich sicherlich aller Gewissen dagegen auflehnen würde, die lieben Verstorbenen zerstücken und verbrennen zu sehen und, dass es nicht der Mühe wert ist, dieselbe

---

[1]) Pini. La Crémation Milan, Hoepli 1885, S. 26, 27.

zu widerlegen. Abgesehen von der Ausdünstung so
vieler täglich zu secierender Leichen, wenn die Kremation obligat wäre, — ja, Pini möchte, dass es auch die
der Tiere würde —; abgesehen von den Bataillonen
von Ärzten, von den Regimentern von Totengräbern
und den ungeheuren Kosten, die man für dieses Heer
des Todes aufwenden müsste; käme es wirklich zu dieser allgemeinen Autopsie, würde diese Zerfleischung
verwesender Körper zur allgemeinen Sitte: dann könnten wir mit um so grösserer Berechtigung das Krematorium — nicht wie Brunetti ›Calcinatorium der Leichen‹, sondern vielmehr wahre menschliche Fleischbank,
menschliche Fleischkammer nennen.

Krematisten, leget ab die Maske der Hygieine und
der Wissenschaft, eure Bemühungen sind nichts als
der trunkene Wahnwitz der Unmenschlichkeit und
Gottlosigkeit.

Inhumation, Kremation und Ökonomie.

Man hat ausgesprochen und mit Recht behauptet,
unser neunzehntes Jahrhundert sei das eigentlich finan-
zielle; denn heutzutage reduziert sich alles auf Rech-
nungen und Ziffern, und das grosse sociale Problem,
das gegenwärtig die ganze Menschheit bewegt, ist kein
religiöses, noch ein philosophisches, politisches oder
moralisches, es ist kein anderes als ein finanzielles, es
ist ein fortgesetztes Börsenspiel und die einzige Frage,
wer mehr gewinne. Alle die grossen Menschlein, die
oberhalb im Rohre sitzen, sind mit der Lösung des
Problems beschäftigt, wie die grösstmögliche Produktion
mit möglichst geringen Ausgaben zu erreichen sei. Mit
Einem Worte, in diesem äusserst kapitalistischen Jahrhunderte stellt das Kapital Kraft, Macht, Redlichkeit,
Tugend, alles vor. Die Strikes, die Meetings des Volkes
sowie der Socialisten und Kommunisten, der Nihilis-
mus, der Fenianismus, die schwarze Hand sind nichts
anderes als eine fortgesetzte furchtbare Rebellion gegen
das alles aufsaugende, alles verzehrende, alles zerstörende
Kapital. Sie stellen eine rohe Nation dar, die in sich
noch nicht genügende Kraft zu wirksamer Empörung
trägt; doch warten wir, bis sie zu Kräften gekommen.

und wir werden den Brand hell auflodern sehen. Besitzer des Kapitals sind die Juden und die Freimaurer, welche ausserdem verborgene Kapitalien innehaben; deshalb sind sie die Machtinhaber, die Welt und Gesellschaft drehen und wenden, wie es ihnen auf materiellem sowie auf moralischem Gebiete beliebt.

Die Basis dieser verborgenen Kapitalien - wir sagen es jenen, die ihre Augen und Ohren verschliessen, die sich von hochtönenden Worten einschüchtern lassen, — die Basis ist weder das Geld noch die Arbeit, die Industrie, die Ökonomie, die Verwertung roher Kraft: die Basis ist der Mensch! Der Mensch, das vernunftbegabte Wesen, das die schönste Gottesgabe, die ihm zur Erreichung seines letzten und einzigen Zweckes ward, missbraucht, der sein Ziel durch Vertierung zu erreichen wähnt; er ist der auserlesene verborgene Endzweck der Freimaurerei:

Reichtum oder Genuss! Solche Sentenz
lehrt dich unser Jahrhundert!
Lies, o Sohn, deine Römergeschichte:
Nicht einen Cato, die Gracchen und Spartacus;
Verres, Trimalcion, Messalina beachte,
sie, der Neuzeit leuchtend Dreigestirn.

So ist in einem Gedichte, das der Almanach des Freimaurers im zehnten Jahrgange 1881 bringt, zu lesen.

Das ist in der That sehr klar geredet.

Hierbei wird jedoch nicht das ganze Gewicht auf die Anwendung des menschlichen Geistes zur Erreichung dieses Zweckes gelegt; der Mensch wird auch, insofern er Materie ist, kapitalisiert. Der Mensch als Kapital wird in jeder Weise ausgenützt, zumeist auf unwürdige, degradierende und unredliche Art, so lange er lebendig, und zu dieser Ausnützung helfen Regierungen, Gesellschaften und Private zusammen. Der Mensch, sein Werk, sein Fleisch sogar ist ein Gegenstand des Handels, wird gekauft und verkauft. Wir erinnern nur an den Handel mit Weissen beiderlei Geschlechtes, der in grossem Massstabe bei jenen Völkern im Schwange ist, welche als die liberalsten bezeichnet werden und welche wegen der modernen Errungenschaften der neuen Wissenschaft und Civilisation am berühmtesten sind. England sowie unser Italien haben dieses befleckte Primat inne. Die natürliche Rechtschaffenheit, die gewöhnlichste Schamhaftigkeit gerät über diesen eklen Handel in Entrüstung, fühlt sich durch denselben verletzt und

zwingt die Regierungen, zur Zügelung dieses Handels
neue Gesetze zu diktieren, und in England wird gegenwärtig ein neues Gesetz zum Schutze der Mädchen in
Aussicht genommen! Diese unsere Behauptungen sind
hart, aber nur zu wahr. In ihrer periodischen Publi-
kation stellten die Freimaurer vor einigen Jahren —
man spricht es nicht ohne Schauder aus — zwischen
dem bei den Bacchusfesten gebrauchten Götzenbilde
und – dem Kreuze -- einen Vergleich an, und es soll
ersteres den Sieg davongetragen haben. Was Wunder
also, wenn man, da man den Menschen so herabge-
würdigt, ihn bei Lebzeiten ausgenützt hat, auch seine
Überreste nicht in Unwirksamkeit verbleiben lässt?
Denn fördern sie nicht mehr den Genuss, so können
sie doch zur Bereicherungsquelle werden

Unsere Zeit ist die des sogenannten Utilitarismus;
es muss alles utilisiert werden, somit auch der tote
Leib des Menschen. Ist dieses Princip einmal angenommen, dass nämlich der Mensch auch nach dem
Tode seinen Brüdern nützlich sein solle; ward von seiner Stirn das göttliche Siegel gelöscht, der Leib, ehe-
dem Gottes Tempel, entheiligt, dem eines Hundes,
Pferdes, Esels gleichgestellt, aus deren Äsern man
Dünger für die Felder bereiten kann; so muss man
sich ja darüber wundern, dass man den menschlichen
Leib nicht ebenso zu verwenden gedenkt. Steht das
Princip des Utilitarismus und des Materialismus, wie
man es heute in Journalen, Büchern und auf Kathedern
predigt und lehrt, fest, so erscheint eine andere Den-
kungsweise unlogisch. Die Freimaurer und Liberalen
aber sind, sobald sie ein Princip angenommen haben,
bezüglich der Folgerungen jedesmal logisch, da sie es
auf letztere allein abgesehen haben, und daher sind
alle ihre Bemühungen darauf gerichtet, die Grundsätze
der Wahrheit und Gerechtigkeit auszurotten, um die
ihrigen an deren Stelle zu setzen. Sind diese einmal
angenommen, dann werden die Folgen sicherlich von
selbst eintreten. Aus diesem Grunde scheuen sie keine
Anstrengung, um ihre Principien mit dem Glanze der
Nützlichkeit, Ökonomie, der Wissenschaft, des Fortschrittes, der Civilisation zu verkleiden und zu be-
flittern; also fängt man die Maulaffen, deren es nicht
wenige giebt.

Da wir nun zu unserem speciellen Thema kommen, so müssen wir die so gottesräuberisch mit Füssen

getretene menschliche Würde einen Augenblick beiseite
lassen, uns in ein Meer von Kot und Eiter hineinwagen,
die grössere oder geringere Produktivität des menschlichen Leibes nach dem Tode erwägen und uns darüber
Klarheit verschaffen, ob die Inhumation oder die Kremation ökonomischer und vorteilhafter sei. Es sind
das ekelige Berechnungen, ekelig wie der Materialismus, von dem sie stammen; doch ist auch dieser eine
neue Errungenschaft der neuen Wissenschaft, welche
die alte ausrotten will, auf deren Banner geschrieben
steht: Initium sapientiae timor Domini.

Vor allem wissen die Kremationsfreunde recht
wohl, wie sehr das gegenwärtige Jahrhundert in Geld-
geschäft und Wucher macht; da sie nun sehen, wie
ihnen die Waffen, deren sie sich zur Verfechtung ihrer
Meinung bedienen wollten, in der Hand abgestumpft
werden, so greifen sie zur Theorie des Vorteils und
singen uns in allen Tonarten vor, die Beerdigung der
Leichen bedeute in der Ökonomie einen ungeheuren
negativen Gewinn und einen ungeheuren resultierenden
Schaden, und sie beklagen die ungeheure Bodenmenge,
welche die Friedhöfe der Landwirtschaft entziehen. Man
beklagt die Verwüstung so vieler fruchtbar machender
Materie, die unwirksam in den Gräbern liegt. Wie,
ruft darüber Moleschott in dem Werke »Der Kreislauf
des Lebens« aus, sollen so kostbare Stoffe immer in den
Gräbern und Särgen verborgen bleiben, ohne jemand zu
nützen? Ist es hier nicht offenbar auf Dünger abgesehen? Darum schlug ja dieser Professor und Senator
des Reiches vor, dass man die Friedhöfe in eben so viele
Felder verwandle und Weizen darauf säe, auf dass dieser das Kalkphosphat der Knochen aufsauge. Man
weiss auch genau, dass das Kalkphosphat Knochenerde
ist, das Magnesiaphosphat von den Muskeln stammt,
das Pottaschephosphat sich unter den wichtigsten Salzen
des Fleisches und der Milch vorfindet und dass sich
das Gehirn nur mittels einer grossen Menge Phosphates
bilden kann. Da wir nun diese Phosphate sich in so
grosser Menge in den ungeheuren Gräbern der Friedhöfe anhäufen sehen, wo sie nur den Würmern und
dem Grase dienen, während man sie mit geringer Mühe
und winzigem Kostenaufwande wiederum in den Kreislauf des Lebens einführen könnte, welches Materie und
Kraft fortwährend neu reproduziert: weshalb bleiben
wir dann noch Sklaven der fortbestehenden Friedhöfe?

Wer wollte also nach dem Tode noch Herr seines Kalkphosphats bleiben, wenn er bedächte, dass er dadurch den Hungertod seiner Nachkommen verschulden könnte? Man sieht wohl, dass die Sache ernst ist; so ernst, dass Moleschott selbst seiner Rede folgendermassen Nachdruck verleiht: »Seit langem schon hat man erkannt, dass die öffentlichen Nützlichkeits- oder Wohlthätigkeitsstiftungen zur Erinnerung an grosse Männer eine Ehre sind, die den Bronze- oder Marmorstatuen vorgezogen zu werden verdient. Wenn man nun die Friedhöfe von zehn zu zehn Jahren dem Ackerbau übergäbe, so würden sich dieselben in äusserst fruchtbare Felder verwandeln; sie würden Menschen hervorbringen (wie aus des Cadmus Zähnen Helden erwuchsen) und ebenso viele Institute vorstellen, und dank ihnen (man merke wohl) würde dem Elende nicht nur abgeholfen, sondern dasselbe würde geradezu verhindert, und durch Vermehrung der Cerealien würde indirekt die Anzahl der Menschen und der Gedanken vermehrt (sic)?« Wohlan, es ist nicht so schlimm gemeint, dieser Gönner der Beerdigung ist eben ein guter Schaffner und braver Agronom. Wenn wir uns nur nicht eines Leichtsinnes schuldig gemacht haben, indem wir Moleschott als einen Gönner der Beerdigung bezeichnet, die zu christlich ist, da er dann fortfährt: »Es dünkt mir höchst wünschenswert, dass man zur unstreitig poetischeren Sitte der Alten zurückkehre, nämlich zum Gebrauche, die Toten zu verbrennen. Thäten wir dies, so würden wir die Luft mit Kohlensäure und Ammoniak bereichern, und die Asche der Tiere und Menschen, welche die Mittel (sic) zur Hervorbringung der neuen Cerealien enthält, würde unsere Heiden in fruchtbare Landschaften verwandeln.«

Vor Moleschott, im Jahre 1838, gedachte ein Engländer, aus den Knochen der Verstorbenen durch Verkauf derselben als Dünger Nutzen zu ziehen. In der Gegend von Ponte di Brenta bei Padua, wo unlängst eine Niederlassung behufs Zermalmung von Tierknochen und deren Verarbeitung zu verkäuflichem Dünger gegründet wurde, befinden sich, wie man uns versichert, unter diesen Knochen auch menschliche, und es sollen eigene Arbeiter dazu bestimmt sein, dieselben von den tierischen Knochen zu sondern. Wir nehmen die Thatsache hin, wie sie uns erzählt wurde, und wollen annehmen, dass diese Arbeiter ihrer Aufgabe mit Gewis-

senhaftigkeit und mit jener Kenntnis obliegen, welche
man bei gewiegten Anatomen vergeblich sucht, nämlich
auf den ersten Blick gewisse Tierknochen zu erkennen
und von denen eines Menschen zu unterscheiden; wer
giebt uns jedoch die Versicherung, dass, wenn etwa
der Direktor des Werkhauses ein Mann wäre, der
z. B. die utilitarischen und materialistischen Ideen Mole-
schotts teilte, er lange knausern und die Auslese der
Knochen mit der Linse des Geizhalses beobachten
würde, da nach seiner Ansicht das Produktionskapital
zugleich mit der Knochenmasse zusammenschmilzt?
Auf die Knochen halten nämlich diese humanitären
Utilitarier gar viel. Thompson rechnet seufzend aus,
dass es 206000 Pfund Asche und Knochenüberreste
gäbe, wenn die Leichname Londons verbrannt würden,
und neunmal soviel, wenn man in England alle Toten
verbrennte. Der Deputierte Bertani äusserte am 7. Dezember 1871 in der Kammer, dass die Ausnützung der
menschlichen Knochen nach genauer Berechnung jährlich nicht weniger als fünf Millionen Hektoliter Getreide
Mehrproduktion ergeben würde. Welch ein Reichtum!
    Wer sieht hierin nicht den ungeheuren negativen
Gewinn? Den ungeheuren resultierenden Schaden aber
macht uns mit echt deutschem Ernste Lieball handgreiflich, indem er schreibt: Wer aufmerksam beide
Gebräuche beobachtet, sowohl den, die Leichen zu
verbrennen, als auch den, dieselben zu begraben, gelangt notwendig zu dem Schlusse, dass der letztere,
wenn er fortgesetzt wird, allmählich die Verringerung
und das Aufhören der vegetabilischen Produkte verursachen und somit Hunger, Pest und den Untergang
der Völker und Reiche, mit Einem Worte, der ganzen
Welt nach sich ziehen muss. Es giebt also keinen
Mittelweg: um nicht Hungers zu sterben, um die Welt
nicht zu Grunde zu richten, müssen wir alle uns verbrennen lassen. Das ist der logische Schluss.
    Ellero, den wir bereits citierten, berichtet uns
über unser Italien, dass, weil jede Begräbnisstätte zwei
Quadratmeter einnimmt und in Italien jährlich beiläufig
800000 Personen sterben, innerhalb des gewöhnlichen
Rotationsdecenniums bis zur Erneuerung der Gräber
20 Quadratkilometer für die Beerdigung jener in Anspruch genommen werden. Zwanzig Quadratkilometer
auf 296305 der Oberfläche Italiens scheinen dem Kremationsfreunde gar viel. Wir bemerken jedoch, dass

Rodolfi die angeblichen 20 km². Elleros für die 7721
Kommunen, in die Italien eingeteilt ist, auf 7000 Hektar für die verstorbenen Italiener reduziert. Und dies
entspricht der Wahrheit mehr. Wenn wir aber auch
vorderhand die 20 Quadratkilometer Elleros zugeben,
die durch die Friedhöfe dem Ackerbau entzogen werden, so kann doch auch uns nicht jener Flächenraum
entgehen, den man in der Nähe jeder Stadt für die
militärischen Übungen verwendet, jene beträchtlichen
Hunderte von Hektaren, welche die grossen Manöver
beanspruchen; sind das etwa nicht grössere Bodenflächen
als jene, welche die Friedhöfe einnehmen, und werden
dieselben nicht ebenfalls der Produktivität und dem
Ackerbau entzogen? Weshalb unternimmt man nicht
auch in dieser Beziehung eine Einschränkung? Die
endlose römische Campagna, die unendlichen Sümpfe,
die Maremmen, die Heiden, die unbebauten Landstriche,
deren es in unserem Italien nur allzu viele giebt, und
von denen einige nicht Quellen des Elendes, sondern
tödlicher Miasmen sind, welche die Italiener töten,
machen diese alle zusammen nur 20 Quadratkilometer
aus? Sind sie etwa nicht schädlich und unproduktiv?
Warum verbessert, warum bebaut man sie nicht? Warum
macht man sie nicht gesund und produktiv? welche
Quelle des Reichtums, der Wohlhabenheit und der Gesundheit liesse sich dadurch eröffnen! Würden dabei
nicht viele müssige Arme beschäftigt, die Produktion
in fabelhafter Weise vermehrt und jener Krebsschaden
Italiens hinweggenommen, der es nach einem blutarmen
Leben schwindsüchtig sterben lässt: der Krebsschaden
der Auswanderung, der uns dann die Cholera ins Land
bringt, die Mikroben und alle jene aus der Fremde im-
portierten Übel, die Seele und Leib verderben? Arbeiten
wir daheim, wo es Arbeit giebt für alle, und unser
Vaterland wird reich und wohlhabend werden, ohne
dass unsere Brüder nötig hätten, vor Mühsal und Elend
im fernen Amerika am gelben Fieber zu sterben, und
gönnen wir unseren Toten ihre 20 Quadratkilometer,
wo sie im Frieden ruhen.

Entspricht es übrigens vollkommen der Wahrheit,
dass diese 7000 Hektar oder um, wie Ellero, stark auf-
zutragen, diese 20 Quadratkilometer, die dem Begräbnisse gewidmet sind, thatsächlich der landwirtschaftlichen Produktivität entzogen werden, so dass der Boden
immer ärmer an produktiven Elementen wird und der

ganzen Menschheit das Ende des Grafen Ugolino droht?
— Das sind Märchen.

Die Friedhöfe, schreibt der berühmte Dr. Rudolf
Rodolfi an Dr. Felix Dall'Acqua, sind nichts als geräumige Behälter von Gasen und Stoffen, die von der
Erde wie von einem Schwamme aufgesogen werden,
welche diese langsam verdunsten, lässt und die von
den Vegetabilien rasch und gierig verzehrt werden.

Die Natur zersetzt die Leichen langsam, und diese
geben an die Erde und die Atmosphäre Elemente ab,
die in der Folge dem Menschen zu gute kommen. Naturalist und Landwirt gedenken des ungeheuren Quan-
tums animalischer Substanz, deren der Boden beraubt
würde, wollte man die Kremation allgemein durchführen.
Was müsste man von einem Landwirte oder einem
Ökonomen halten, der dazu riete, den Dünger zu zerstören und zu verbrennen, um dessen Zersetzung zu
beschleunigen und die gewonnene Asche dem Boden
zuzuführen? Keiner, der einen Funken Verstand besitzt, wird sich enthalten können, ihn der Thorheit
zu zeihen.

Doch auch hierin widersprechen sich die Krematisten selbst, indem sie im Punkte der Ökonomie den
Verlust so vieler kostbarer Substanzen, so vieler in den
Gräbern unthätig verschlossener Phosphate beklagen
und dann wiederum im Punkte der Hygieine sagen,
diese kostbaren Substanzen wirkten vielmehr zerstörend,
da sich die Erde davon vollsaugt und die Wasserquellen
dadurch verunreinigt werden! Immer gebrauchen doch
diese Herren zweifaches Mass und Gewicht, so oft es
sich darum handelt, ihrem eigentlichen Zwecke näher
zu kommen, der weder die Hygieine noch die Ökonomie
betrifft, sondern darin besteht, eine vom religiösen
Sinne der Völker hochgehaltene Institution und Sitte
zu bekämpfen. Der öfters citierte Gorini selbst giebt
zu, dass Rodolfi die Kremation, deren Sache, wie er
meint, dadurch sehr kompromittiert werden könnte,
nicht unwirksam angreift. In der That führt Rodolfi
zu gunsten der augenfälligen Wahrheit, dass niemand
den Nutzen der Friedhöfe leugnen könne, Gründe an,
die mit einem Schlage das ganze Gewäsche der Gegner
zu nichte machen. Die Statistiker, sagt Dr. Rodolfi,
sind der Ansicht, dass, wenn man alle Menschen, die
seit der Erschaffung je gelebt, zu einer Masse vereinigte,
diese letztere der Erde gleichkäme. Hätte nun — frage

ich — diese Masse eine Verwandlung erfahren, die
nicht in der natürlichen Ordnung gelegen, welche Unordnung würde dann in den Naturgesetzen erfolgt sein?[1])
Diese ungeheure Leichenmasse drang also in die Erde
ein, durchtränkte dieselbe ganz, machte sie und macht
sie noch heute fruchtbar. Es ist dies eine Thatsache,
die durch sechstausendjährige Beweise und Erfahrungen
bestätigt wird. Wenn wir nun die Elemente dieser
sich stets mehrenden und umgestaltenden Masse durch
Feuer zerstören, so werden wir notwendig das produk-
tive Princip sich mindern sehen; wir werden die be-
wunderungswürdige Fruchtbarkeit der Erde in Unfruchtbarkeit verwandeln, die kosmischen Gesetze zum Teile
in Verwirrung bringen, daran arbeiten, dasjenige unfrucht-
bar zu machen, was von Natur aus fruchtbar ist, und
dies alles im Namen der Ökonomie und der Produk-
tionsvermehrung!

Dies ist also der ungeheure negative Gewinn und
resultierende Schaden. Dies sind die logischen Folgen
des von den Krematisten verfochtenen Systems, sobald
dieses zu allgemeiner Anwendung gelangt. Armseliger
Wahnwitz des menschlichen Geistes, der durch den
Schein hochmütiger Wissenschaft, leer an Wissen und
Verstand, verdunkelt ist!

Dieses sagen nicht etwa wir allein. Es ist durchaus augenscheinlich, sagt Gorini, dass wir, wenn wir
die menschliche Leiche den Flammen übergeben, den
zweifachen Schaden haben, das Brennmaterial zu ver-
schwenden und ohne irgend einen Nutzen einen kostbaren Stoff zu zerstören, aus dem wir durch geeignete
Behandlung beträchtliche Vorteile ziehen könnten. Die
Kremation sollte deshalb insbesondere von den Ökonomen missbilligt werden.[2])

Weshalb will man also die Friedhöfe kassieren,
und weshalb bekämpft man die Inhumation im Namen
der landwirtschaftlichen Ökonomie? Und wenn diese
euch im Stiche lässt, weshalb, o Menschenfreunde, ver-
fechtet ihr alsdann die Kremation? Wir fordern alle
heraus, uns Rede und Antwort zu stehen.

Berühren wir nun einen anderen Punkt admini-
strativer Ökonomie, die auch auf dieses ekelige und
widerwärtige Feld gezerrt worden ist.

---

[1]) Rodolfi bei Gorini op. cit. S. 36.
[2]) Gorini op. cit. S. 48.

Wir wollen uns hierüber kurz fassen.

Es ist eine Frage der Bilanz, des Konsums, die uns unsere ökonomischen Krematisten vorlegen. Sie räsonnieren nach jüdischer Weise also: Wird eine Leiche verbrannt, so verursacht dies geringere Kosten, als wenn man sie begräbt. Wohlan, so verbrennen wir die Leichen.. So räsonniert der blasse Geiz.

Ein Bordell unterhalten trägt mehr ein, als wenn man das Geld für ein Kloster verwendet; also verwenden wir das Geld für ein Bordell. Doch nein, lassen wir die Entrüstung der Ehrenhaftigkeit noch nicht aufkommen, drängen wir für einen Augenblick den Ekel zurück, den uns solche Überlegungen verursachen, und prüfen wir um einer überflüssigen Widerlegung willen, ob es auch wahr, dass es wohlfeiler sei, die Leichen zu verbrennen, als sie zu begraben.

Die Gönner der Kremation beklagen die ausserordentlich grossen Auslagen der Gemeinden für die Friedhöfe, ihre Besorgung und Erhaltung und sagen, dass das System der Kremation eine grosse Ersparnis in der Kommunalrechnung zur Folge haben würde. Aber auch von dieser Seite angefasst, nimmt die Sache einen entgegengesetzten Ausgang. Beim Beerdigungssystem richtet man die Arbeit mit geringem Personale. Lassen wir hierüber den wiederholt citierten P. Steccanelli reden, dem wir mit allen Vernünftigen die Unterstützung überzeugungsvoller Zustimmung schulden. Der gelehrte Publicist schreibt: Ein Korrespondent der Augusta-Zeitung zieht, nachdem er die verschiedenen vorgeschlagenen Verbrennungsmethoden betrachtet, den Schluss, dass die Kremationsfrage wegen der bedeutenden damit verbundenen Kosten keine Zukunft habe. Machen auch wir einen Überschlag. Wenn die uns zugekommenen Berichte wahr sind, so kostete die Kremationskapelle mit dem Apparate zu Mailand den Erben des Herrn Keller 60000 Lire. Die tägliche Anzahl der Toten in dieser Stadt erreicht zu gewöhnlichen Zeiten auf und ab steigend 27—30. Eine Kremation nimmt beiläufig zwei Stunden in Anspruch. Angenommen also, dass das Feuer im Kremationsofen Tag und Nacht brenne, so wird es nicht mehr als 12 Leichen verzehren können. Wird also die Kremation obligat, so sind drei Öfen unumgänglich nötig. Da jedoch der eine oder der andere von Zeit zu Zeit den Dienst versagen kann, so wird ein vierter im Vorrate sein müssen. Nicht

selten geschieht es, dass zu irgend einer Zeit des Jahres
die Sterblichkeit das gewöhnliche Mass überschreitet.
Da man nun den Vorgang nicht nach Belieben ver-
schieben könnte, so würden alle Gründe dafür sprechen,
dass man sich mit einem Aushilfsofen vorsehe. Was
wäre aber zu beginnen, wenn in der Stadt eine ansteckende Krankheit, eine verheerende Seuche um sich
griffe? Einer der vorzüglichsten Gründe, weshalb die
Kremation verfochten wird, ist eben der, Stadt und
Land vor der Verbreitung und Erhaltung der Ansteckung, wenn zum Unglücke eine solche einträte, zu
retten. Entweder müsste man also die Kremation beiseite setzen, wenn deren Notwendigkeit am fühlbarsten,
oder eine gute Anzahl Öfen müsste für den Fall einer
Seuche zum Zwecke bereit stehen. Zu dem geräumigen
Bau, der für alle diese Vorbereitungen vonnöten, muss
man sich jenen hinzudenken, wo das Gas in solcher
Menge erzeugt wird, dass es hinreiche, um Tag und
Nacht die Hunderte und Hunderte von Flämmchen zu
speisen, welche die Leiber verzehren, und dies nicht
bloss für die gewöhnlichen, sondern auch für die ausser-
ordentlichen Fälle. Es ist ferner die nicht geringe tägliche Auslage in Anschlag zu bringen, welche der Lohn
der Totengräber, derjenige, die den Vorgang in den
einzelnen Öfen überwachen, der Gasarbeiter, die Gehälter der Administrationsbeamten, der zur Totenbe-
schauung erforderlichen Ärzte, endlich des General-
direktors erfordern. Wenn nun Tag und Nacht gearbeitet
wird, so müssen diese Diener der Zerstörung menschlicher Leiber offenbar in doppelter Anzahl vorhanden
sein. Endlich kommen dazu die Auslagen für das
Brennmaterial, die zum Jahresschlusse, wie sich aus
dem ungeheuren Verbrauche an notwendigem Gase
folgern lässt, zu einer bedeutenden Summe anwachsen
müssen. Allein die Öfen sind auch nicht unzerstörbar;
hieraus erwächst eine neue Ausgabe für deren Aus-
besserung oder Erneuerung. Fasst man nun diese
viererlei Auslagen: für die Gebäude, die Apparate, die
Gehälter und das Brennmaterial nebst den Ausbes-
serungen zusammen, zieht die Summe daraus und ver-
gleicht dieselbe mit den Beerdigungskosten; so sieht
man, um wieviel die Kremationskosten überwiegen.[1])
Soweit der gelehrte Jesuit. Es wären dies die gewöhn-

---

[1]) Civiltà Cattolica, Jahrg. 1876, 1. Bd., S. 448—449.

lichen Auslagen. Machen wir nun eine beiläufige Rechnung für ganz Italien unter der Annahme, dass die Kremation daselbst obligat geworden.

Nach Rodolfi haben die 7721 Kommunen Italiens im Durchschnitte 7000 Hektar für die Friedhöfe bestimmt, die wir noch vermehren wollen, indem wir 1 Hektar per Kommune rechnen; so erhalten wir 7721 Hektar, jedes zu dem fabelhaften Preise von 3000 Lire, was einen Gesamtwert von 231630 Lire darstellt.

Rechnen wir auf jede Kommune bloss einen Kremationsofen, der ja, wie wir gesehen, für die grossen Städte wie Rom, Neapel, Turin, Mailand, Genua, Venedig, Florenz u. v. a. gänzlich unzureichend ist, da für einige derselben nicht einmal 5 oder 6 solcher Apparate genügen würden; rechnen wir aber nichtsdestoweniger einen Ofen für jede Kommune und zwar einen der so geschätzten nach dem System Siemens', deren einer auf 19000 Lire zu stehen kommt; so giebt das 146,699000 Lire blosser Setzungskosten statt der obigen 231630, wobei zu bemerken ist, dass diese 231630 Lire nicht eigentlich ausgegeben werden müssen, da sie durch Grund und Boden dargestellt werden, während man die 146,699000 Lire bar aus der Tasche ziehen muss, um diese neue Errungenschaft der Wissenschaft zu behaupten! Und da hat man noch die Stirn, zu sagen, dass man vom Geiste der Ökonomie beseelt sei?! Aber noch mehr. Der auf die Friedhöfe verwendete Boden würde nicht etwa, wie man wohl zu sagen pflegt, der Landwirtschaft zurückgegeben: denn die Municipien werden ja doch einen Flächenraum zur Aufstellung der Aschenkrüge sowie zur Errichtung der Kremationsgebäude bestimmen müssen; man wird Grabstätten mit Nischen errichten, und auch da werden die Reichen von den Armen unterschieden sein wollen, die bedeutenden Menschen von den gewöhnlichen, die Märtyrer des Vaterlandes vom gemeinen Volke, das allezeit geschunden und verkürzt wird. Der Luxus, der Reichtum, die Hoffart, der Parteigeist werden für die Grabmonumente ihrer Helden einen Flächenraum in Anspruch nehmen, so dass allmählich das Columbarium den Raum bedecken wird, den vorher der Friedhof inne hatte; und so wird auch von dieser Seite der ernste resultierende Schaden, den der Flächenraum der Friedhöfe gebracht, durch die Columbarien verursacht werden. Man sieht, dass die Kremation auch von diesem Standpunkte aus nichts wahrhaft Ernstes an sich hat und dass man damit nur den Einfaltspinseln Sand in die Augen streut.

Man bemerke noch, dass bis jetzt nur von der Kremation der menschlichen Leiber die Rede war; wo aber diese wegen der schönen Gründe der Krematisten angenommen würde, da sollte sich dieselbe folgerichtig auch auf die Äser der Tiere erstrecken. Man ginge also auf übermässige Kosten sowie auf Vergeudung der Gemeinde- und Staatsgüter ein — um einer so tierischen Neuerung willen.

Wir schliessen, ohne von dem Leuchtgase, dem Dünger, den Kerzen, dem Brennmateriale zu reden, d. i. ohne den Gedanken auszuführen, dass ein Körper zur Verbrennung eines anderen dienen könnte, Gedanken, die der verirrte Menschengeist ersann, um diese höllische Thorheit zum Triumphe zu führen. Es sind das Dinge, die beklagt und mit heissen Thränen beweint, aber nicht widerlegt zu werden verdienen.

Da wir nun die Kremation unter verschiedenen Gesichtspunkten betrachtet und, wie uns dünkt, unsere Gegner siegreich bekämpft haben, wollen wir sie nun kurz von der Seite des Gefühls prüfen.

Kremation und Gefühl.

Lassen wir das religiöse Gefühl beiseite, das, wie wir oben gesehen, von dem barbarischen Gebrauche der Kremation in tierischer und freimaurerischer Weise verletzt und mit Füssen getreten wird, und wenden wir uns einfach an das menschliche, an das natürliche Gefühl, das uns den Menschen als solchen achten und lieben lehrt als unseresgleichen, als Herrn der Schöpfung. Von diesem Standpunkte betrachtet, ist nach dem Ausspruche des Materialisten Mantegazza die Kremation ein wahrhaft höllisches Ding, während sie nach jeder Richtung hin, wie Brunetti richtig behauptet, ein Wahnwitz ist.

Das Volk, schreibt Porro, betrachtet den Dienst der Toten als Religion und will, dass alles darauf Bezügliche einen religiösen Charakter habe. Nun war es sicherlich zum Schaden der Kremationsidee, dass sie von vielen begünstigt wurde, die sich nie für religiöse

Gedanken empfänglich zeigten und der Kremation das
Gepräge der geistigen Unabhängigkeit, Denkfreiheit und
Entfesselung von religiösen Traditionen geben wollten.

Und in der That, wer führte die Kremation in
Italien ein und spendete 60000 Lire für den sogenannten Kremationstempel?

Ein deutsch-protestantischer Schweizer. — Wer
sind ferner diejenigen, die sich verbrennen lassen wollen?
Es sind lauter Leute, die durch ihre Handlungsweise,
durch ihre Schriften und Reden das christliche, das
katholische Gefühl des Volkes verletzt haben.

Gavazzi, ein Exfrater, ein mit englischem Golde
bezahlter Apostat, deklamiert zu gunsten der Kremation. Garibaldi, der schamloseste Gotteslästerer der
modernen Gegenwart, der fluchende Ehebrecher, der
Lüstling im roten Hemde; Moleschott, der den Menschen für einen Abkömmling des Affen hält, und so
viele andere der Sorte, welche die Gottlosigkeit und
Irreligiosität zur Schau trugen und noch tragen, verfechten den Unflat, die Kremation.

Dies sind also ihre Vorkämpfer.

Solch eine Schande zu decken, genügt es nicht,
von einer neuen Religion der Gräber zu faseln, wie der
Freimaurer Pini phantasiert, welche die Caselli besingt,
die Gorini eine Läuterung der Toten nennt, die Ellero
als Rächerin der mittelalterlichen Scheiterhaufen apo-
strophiert und Coletti in zweifelhaftem Italienisch als
Wiedereinsetzung des Feuers angesichts der Menschheit
bezeichnet. Die wahre Religion der Gräber besitzen
wir Katholiken in den erhabenen und feierlichen Ceremonien der Friedhofsweihe, in unseren Exequien, Begräbnissen, Gebeten, in unseren Gedächtnisfesten der
Toten; wir, die wir an den Gräbern unserer Lieben
weinen und beten, sie mit Thränen benetzen, mit Blumen bedecken, sie beim Scheine der brennenden Wachs-
kerzen mit unseren Gebeten beglückwünschen. Das
heilige Feld, in dessen Mitte das Kreuz sich erhebt,
redet zu uns von Hoffnung und Liebe und umschlingt
mit diesem Bande wie in einer Umarmung die Lebenden mit den teuren Verstorbenen. Was redet hingegen
zu deinem Herzen eine Urne mit einer Handvoll
Asche? Das sind lauter Possen; verba, verba, praeteraeque nihil.

Wendet uns auch nicht ein, die poetische Kremation entziehe den Körper der Fäulnis, so dass er

nicht, von Würmern zernagt, deren furchtbare Speise wird.
Es ist dies eine Thatsache, die, aller Augen verborgen,
nach einem ausnahmslosen Naturgesetze im Schosse der
Mutter Erde vor sich geht und niemand stört.

Aber um des Himmels willen, was findet ihr doch
Poetisches, Feierliches, Anziehendes an einem Leichname, der wie eine Salami auf eine unförmige Metall-
platte festgebunden ist in einem Ofen, woselbst die
Flammen das herabfliessende Fett brutzeln und schmo-
ren machen, wo man plötzlich die durch die Ausdehnung
der Gase angeschwellten Wände des Unterleibes bersten
sieht, wo das automatische Zusammenzucken und die
Bewegungen der Leiche erschrecken und Abscheu erregen und die Flammen aus dem Bauche, dem Schädel
und der Brust hervorzüngeln? Und dies alles ist für
jedermann sichtbar; und das soll feierlich, erhaben,
grossartig sein? Und der Gestank, der sich um den
Kremationsaltar verbreitet, vertritt die Stelle des Räucher-
werks und des Weihrauches.

Ach, wir fordern diejenigen, die ein Herz haben,
heraus, einem so entsetzlichen Schauspiele beizuwohnen!
Vor ihren Augen den Vater, die Mutter, den Sohn, die
Gattin verbrennen zu sehen! Zu sehen, wie die teuren
Überreste vom Rauche geschwärzt, von der gierigen
Flamme erfasst werden; wie das Fett herabrinnt und
verbrennt, das geröstete Fleisch schmort, wie die kna-
ckenden Knochen sich spalten, verdrehen und brechen?
Hat sich dann die Asche mit jener anderer, früher verbrannter Fremden vermischt, dann wird sie samt den
holzigen Produkten der Kremation in ein Gefäss gesammelt, das uns an das Apothekergestell erinnert, auf
dem man die Salben und die Ricinuskörner aufbewahrt.
O Erhabenheit der Kremationspoesie! Mantegazza de-
finierte die Kremation als die Angelegenheit vom menschlichen Beefsteak; und es ist allerdings nicht anders.
Was soll man der Schamlosigkeit der modernen Halb-
gelehrten anderes entgegenstellen, welche dieselbe als
eine neue Errungenschaft der Civilisation, der Wissenschaft und des Fortschrittes bezeichnen? Zur Be-
kämpfung der Kremation genügt die Kremation selbst.
Schauet der Verbrennung einer Leiche zu, und wenn
ihr Herz und Sinn habt, dann prediget, so ihr es
wagt, die neue totenschänderische Barbarei. Wer
eine Kremation gesehen, will keine zweite schauen,
weil sein Ekel davor zu gross.

Wir schliessen nun unsere Abhandlung über die Kremation, indem wir die Worte eines Mannes citieren, der vielleicht der gelehrteste unserer Zeit ist, die Worte des Abate Moignò. In seiner periodischen Zeitschrift ›Les Mondes‹ kündigt er ein Buch mit dem Titel ›La crémation‹ von dem Dr. Eugène Robert an und sagt: Eigentlich muss man den Kopf verloren haben, um dahin zu gelangen, dass man an die Stelle der gewöhnlichen Begräbnisweise den Kremationsprozess zu bringen strebt, durch den der Bau der menschlichen Gebeine in eine Handvoll Asche verwandelt wird.[1])

---

[1]) Les Mondes, N. 13. 30. März 1876, S. 512.

Inhalt.